本书为湖北省社科基金一般项目（后期资助项目）成果
（NO.HBSKJJ20233279）

农产品地理标志品牌偏好的驱动机理研究：基于地缘关系视角

李林竹◎著

中国财经出版传媒集团

经济科学出版社
Economic Science Press

·北京·

图书在版编目（CIP）数据

农产品地理标志品牌偏好的驱动机理研究 ： 基于地
缘关系视角／李林竹著． -- 北京：经济科学出版社，
2025．3． -- ISBN 978 - 7 - 5218 - 6824 - 1

Ⅰ．F762.05

中国国家版本馆 CIP 数据核字第 2025LN1963 号

责任编辑：汪武静
责任校对：徐　昕
责任印制：邱　天

农产品地理标志品牌偏好的驱动机理研究：基于地缘关系视角
NONGCHANPIN DILIBIAOZHI PINPAI PIANHAO DE QUDONG JILI YANJIU：
JIYU DIYUAN GUANXI SHIJIAO
李林竹　著

经济科学出版社出版、发行　新华书店经销
社址：北京市海淀区阜成路甲 28 号　邮编：100142
总编部电话：010 - 88191217　发行部电话：010 - 88191522
网址：www. esp. com. cn
电子邮箱：esp@ esp. com. cn
天猫网店：经济科学出版社旗舰店
网址：http：//jjkxcbs. tmall. com
固安华明印业有限公司印装
710 × 1000　16 开　13 印张　200000 字
2025 年 3 月第 1 版　2025 年 3 月第 1 次印刷
ISBN 978 - 7 - 5218 - 6824 - 1　定价：68.00 元

前言

　　保护和发展农产品地理标志品牌对于培育乡村发展新动能，促进"乡愁"产业发展和乡村全面振兴具有一定的意义。由于产品质量和信誉等与产地存在内在关联性是农产品地理标志品牌的本质特征，同时，与生俱来的地域群体身份是消费者群体认同的重要内容，因此，消费者与地理标志品牌原产地之间的地缘关系成为研究农产品地理标志品牌消费行为的一个关键视角。虽然大量研究探讨了消费者群体身份对地理标志品牌消费行为的影响，但在既有研究中，群体身份常常被划分为内群体与外群体的二元对立结构，人与品牌的地缘关系往往采用"本地"与"外地"概念进行笼统概括，而忽视了消费者与农产品地理标志品牌之间的关系多样性、可变性和多重结构，并且，也鲜有研究探讨地域流动所带来的人地互动关系变化如何影响人们对不同来源地的农产品地理标志的品牌偏好，这为本书研究提供了深入而广阔的探索空间。本书创新性地将消费者与农产品地理标志品牌之间的地缘关系划分为家乡、近乡与他乡三个层次的相对概念，分别构建消费者对家乡、近乡和他乡农产品地理标志品牌偏好的驱动机理模型，并综合运用调查法与实验法进行实证检验。首先，依据社会认同理论和地方认同理论，构建了农产品地理标志品牌偏好的内外群体偏差效应及家乡品牌偏好驱动机理的理论模型，采用457份调研问卷数据，检验了地域群体身份（家乡群体成员与非家乡群体成员）对农产品地理标志品牌偏好的影响，以及地方认同的中介作用；其次，立足于人口频繁流动的社会现状，依据社会认同理论和解释水平理论，从家乡概念的动态视角出发，构建了消费者对近乡农产品地理标志品牌偏好的驱动机理模型，运用三个实验研究，检验了消费者离家空间距离对近乡农产品地理标志品牌偏好的影响以及内群体边界扩展的中介作用；最后，从时间维度看待地域流动形成的个体居住流动经历，依据社会认同理论和地方认同理论，构建了消费者对他乡农产品地理标志品牌偏好的驱动机理模型，采用433份调研问卷数据，检验了居住流动性对他乡农产品地理标志品牌偏好的影响以及他乡地方认同的中介作用。

关于农产品地理标志品牌偏好的内外群体偏差效应及家乡品牌偏好驱动机理的研究表明：消费者的身份认同是多重和复杂的，与生俱来的籍贯将会赋予人们地域群体身份的构建基础。相对于非家乡群体成员，家乡群体对农产品地理标志品牌的购买意愿更高；地方认同在地域群体身份与农产品地理标志品牌购买意愿之间起着中介作用；消费者与品牌的空间位置关系能够调节地域群体身份对地方认同和农产品地理标志品牌购买意愿的影响，即相比于消费者居住地与农产品地理标志品牌来源地不一致的情况，对于居住在品牌所在地的消费者而言，地域群体身份对地方认同的影响会减弱，进而导致地域群体身份对该农产品地理标志品牌购买意愿的影响减弱。

关于近乡农产品地理标志品牌偏好驱动机理的研究表明：家乡身份既指代地理群体，又指代文化群体，家乡概念在个体认知中具有主观性和动态性，个体对家乡边界的认知常常视具体情境而定，并不是一成不变的。空间距离会影响个体对事物整体性的认知判断。相对于离家空间距离近的消费者，离家空间距离远的消费者更偏好近乡农产品地理标志品牌；内群体边界扩展在离家空间距离与近乡农产品地理标志品牌偏好之间起中介作用，即当消费者离家空间距离更远时，其内群体边界扩展程度更高，更倾向于将近乡纳入更广泛的家乡概念中，从而增加对近乡农产品地理标志的品牌偏好程度；但区域文化差异性会抑制消费者内群体边界扩展的距离效应，进而近乡农产品地理标志品牌偏好的距离效应也受到减弱。

关于他乡农产品地理标志品牌偏好驱动机理的研究表明：居住流动性能够提高人们的个体自我显著性，削弱集体自我的重要性，这使得有居住流动经历的消费者群体区分动机更弱，其地域建构的群体身份更为广泛。相对于居住稳定的消费者，有居住流动经历的消费者对他乡农产品地理标志品牌的购买意愿更高；居住流动性正向促进消费者对他乡的地方认同，且消费者对他乡的地方认同在居住流动性与他乡农产品地理标志品牌购买意愿之间发挥中介作用；区域形象正向调节居住流动性对他乡地方认同的影响，即在区域形象感知水平高的情况下，他乡农产品地理标志品牌购买意愿受居住流动性影响的程度更大，在区域形象感知水平低的情况下，他乡农产品地理标志品牌购买意愿受居住流动性影响的程度较小。

以上三个层次的研究层层递进，从地缘关系视角对农产品地理标志品牌偏好的驱动机理及适用情景进行了较为系统的探讨，为农产品地理标志品牌市场拓展路径选择和对策制定提供理论依据。本书的理论意义主要体现为：首次从多个层次分解地缘关系的内涵并基于该视角探讨消费者对农产品地理标志品牌偏好的驱动机理，具体揭示了消费者对家乡、近乡和他乡农产品地理标志品牌偏好的形成与强化机制，充实了农产品地理标志品牌的消费者行为研究；立足于社会流动的现实背景，从动态视角解析家乡概念，构建了消费者离家空间距离对近乡农产品地理标志品牌偏好的作用框架，扩充了有关家乡身份建构和群体身份延展性的研究；拓展了地方认同方面的研究视角，揭示了居住流动性对消费者他乡地方认同的促进作用，进一步深化了地方认同的前因与后果的研究。本书的实践意义主要体现为：基于地缘关系视角提出的巩固内群体、拓展内群体边界和吸引外群体的路径，为农产品地理标志品牌建设与市场容量扩展提供了理论参考，为农产品地理标志品牌市场细分与市场定位提供了管理启示；从多个维度探讨了农产品地理标志品牌偏好的驱动机理与作用边界，为农产品地理标志品牌文化情感塑造与区域形象维护提供了营销指导。

目 录

CONTENTS

第 7 章 他乡农产品地理标志品牌偏好的驱动机理研究 115

第 8 章 研究结论、启示、局限及展望 138

CHAPTER
ONE

第 **1** 章

绪 论

1.1 研究背景

在快速城市化和现代化发展的今天，亿万人在远离了乡土和农耕环境的同时，也逐渐生出与乡村自然生态和传统文化相接近的渴望。农产品地理标志（geographical indication，GI）作为一种独特的乡村风土符号，是与一定区域人文历史和自然环境密切相关的特殊品牌，蕴含着巨大的市场价值和农村产业发展的核心动能，对提高农地质量、打造农业特色经济、提升农业质量效益、促进农民增收、促进农村繁荣和高质量发展区域经济具有重要影响（卿利军，2021；赵冠艳和栾敬东，2021；董银果和钱薇雯，2022；Girard，2022）。此外，地理标志的惠益分享属性符合乡村振兴战略目标下的产业振兴策略的行动路径，不仅能够带动乡村经济发展和产业增效，还能够促进乡村生态保护和文化传承（卿利军，2021；Girard，2022）。2017～2024 年中央一号文件多次强调要因地制宜发展特色产业，强化地理标志保护和打造乡土特色品牌。为深入完善地理标志保护和运用体系，2023 年 12 月 29 日，国家知识产权局发布《地理标志产品保护办法》，对地理标志保护和运用工作作出重要部署，明确了生产者义务和地方知识产权管理部门的日常监管职责以及侵权行为，以强化地理标志产品的保护，提升我国地理标志产品的价值内涵。

由于地理标志隐藏着巨大的经济价值、社会价值和生态价值，我国地理标志保护制度取得了迅速的发展，地理标志注册规模十分庞大，增速十分显著。根据国家知识产权局发布的数据，截至 2024 年 11 月底，我国累计核准农产品地理标志有效量为 3510 件；累计认定地理标志产品 2544 个，核准地理标志作为集体商标、证明商标注册 7400 件，地理标志专用标志经营主体总数达 3.4 万家；2023 年度，我国地理标志直接产值超过 9600 亿元，实现四连增；建设国家地理标志产品保护示范区 123 个①。

虽然我国地理标志的注册数量增长速度较快、规模较大，但是仍然面临着产业发展相对滞后的窘境。在品牌资产表现方面，除极少数地理标志农产品品牌发展红火之外，我国多数地理标志农产品品牌知名度低、品牌建设滞后、品牌价值不高、溢价能力弱，尤其缺乏具有全球影响力的农产品地理标志品牌，品牌价值还有较大成长空间（李佛关等，2022；于金富和晋铭，2024）。国家知识产权局发布的《2022 年中国知识产权发展状况评价报告》显示，我国每百亿元 GDP 对应的核准注册地理标志证明商标和集体商标有效量为 0.6 件，较 2021 年下降 0.03 件；每百亿元 GDP 地理标志产品累计批准量为 0.2 件，较 2021 年下降 0.02 件。由此可见，维持地理标志品牌资产稳步增长既十分关键也非常困难。在农产品生产经营方面，我国农产品地理标志品牌面临着市场主体参与度不高、品质缺乏管控、产业融合度不足等局限（李增贝等，2024），多数生产经营者地理标志保护意识薄弱，拥有多产地的农业企

---

① 谷业凯. 中国累计认定地理标志保护产品 2523 个 [N]. 人民日报海外版，2024 - 08 - 16（01）.

业往往更愿意采用企业品牌，对地理标志的使用率低下，存在"注而慎用"的现象，而规模较小和市场份额较低的企业广泛存在"搭便车"行为，他们较少参与公共品牌的建设行动，但却占据和享有地理标志品牌的正外部性所带来的品牌资产价值，进一步导致了农产品地理标志品牌成长缓慢（谌飞龙等，2021）。因此，如何培育品牌资产，扩大市场容量，全面实现与提升农产品地理标志品牌价值，是乡村产业振兴和农村全面发展中亟待解决的重大现实问题，也是品牌价值领域需要探索的重要理论课题。

地理标志品牌行为领域的众多研究表明，消费者愿意购买地理标志品牌并为其支付溢价（张国政等；2017；Ji et al.，2020；Sanjuan-Lopez and Resano-Ezcaray，2020）。不过消费者对地理标志农产品的偏好还受到其他因素的影响。首先，农产品地理标志品牌的产地形象、地域文化差异、地区典型性等产地认知线索是消费者感知农产品地理标志品牌质量的重要信号，能够影响消费者对地理标志农产品的购买意愿和支付意愿（Van Ittersum，2003；涂洪波和朱清剑，2020；杨林广，2021；金彩等，2022；王丹等，2022）。其次，农产品地理标志品牌内含的自然资源、经典工艺、历史文化等产品根脉特征会提高消费者的购买意愿和品牌忠诚度（杨海龙等，2018；青平等，2018；仝海芳等，2020）。同时，消费者的风险偏好、消费习惯、产品认知、文化历史体验、产地知识、本土根基感知以及人口统计学特征等个人异质性因素也是作用于地理标志农产品购买意愿和溢价能力的潜在要素（周安宁，2012；Panzone et al.，2016；张国政等，2017；Sanjuan-Lopez and Resano-Ezcaray，2020；Rabadán et al.，2021；Zhang et al.，2023）。此外，消费者与品牌的地缘关系也是影响农产品地理标志品牌偏好的关键因素。由于农产品地理标志品牌的核心特征体现为产品品质和信誉与品牌产地的关联性（王笑冰，2015），同时，与生俱来的地域群体身份是消费者群体认同的重要内容，因此，消费者与地理标志品牌原产地之间的地缘关系是研究农产品地理标志品牌消费行为的一个关键视角。

首先，在中国传统文化中，人们形成的以家为中心的地缘结构是建构群体身份、寻求情感归属、获取内部认同的重要载体（崔月琴和张冠，2014）。地缘关系体现为像"水波"一样有层次性的社会差序格局，反映了社会客体之间社会距离的远近，同时具有空间内涵，是依据地理上的长期互动而形成的社会距离，例如"老乡关系""邻里关系"。在社会与空间两层含义上，我们将农产品地理标志品牌拟作为社会客体探讨消费者与品牌的地缘关系。地缘关系体现了群体在地域建构方面的社会认同，所以依据消费者籍贯与品牌来源地的一致性，将消费者群体划分为品牌的"家乡群体"和"非家乡群体"，即"地域内群体"和"地域外群体"；与此同时，地缘关系呈现从近到远、能伸能缩的差序格局，因此在家乡群体与非家乡群体之间还存在地域上相近的群体，本书将其界定为"近乡群体"。此外，由于地缘关系是一种交互的关系，对于家乡群体成员而言，农产品地理标志品牌是其"家乡"品牌；对于非家乡群体成员而言，农产品地理标志品牌是其"他乡"品牌；对于地域上相邻的群体成员，即近乡群体成员而言，农产品地理标志品牌是其"近乡"品牌。那么，在这些不同的地缘关系情境下，消费者对"家乡""近乡""他乡"农产品地理标志品牌偏好的形成与强化机理是什么？存在哪些相似与差异之处？对这些问题的探讨直接决定农产品地理标志品牌的价值实现与市场拓展的路径选择。

其次，当代中国是流动的社会，伴随着人们居住流动性的大幅提升，通过消费行为将人与地方联系起来，并且在空间意义上创造社会价值成为研究消费的空间性的重要内容（Mansvelt，2005）。当代社会的人们比以往更频繁地更换住所，以追求更高的生活质量和更好的学习工作机会，与此同时，地域的流动反过来也潜移默化地对自我概念和地域身份建构等方面的认知。而内含乡土气息与地域文化的农产品地理标志为消费者提供了一个联结特定地域的载体，既能缓解一些离家的消费者内心的乡愁热望，又能提供来自远方的文化体验和风味特色。那么，个体流动历程当中经历的空间结构改变与流动体验如何重新塑造个体的群体身份与地方认同，又如何影响消费者对家乡、近乡或者他乡农产品地理标志的品牌偏好？因此，本书结合消费者地域流动等现实因素，以地缘关系为研究视角，探讨消费者对"家乡""近乡""他乡"农产品地理标志品牌偏好的驱动机理。

1.2 研究目的与研究意义

1.2.1 研究目的

本书基于社会认同理论、地方认同理论和解释水平理论，构建基于地缘关系视角的农产品地理标志品牌偏好驱动机理分析框架，综合采用调查法与实验法实证检验消费者对"家乡""近乡""他乡"农产品地理标志品牌偏好的发生机制与条件。本书的主要目的有三个方面。

第一，通过演绎推理和调查实证检验，揭示地域群体身份（家乡群体成员与非家乡群体成员）对农产品地理标志品牌偏好的影响、发生机理与调节效应。具体地，首先提出农产品地理标志品牌偏好的内群体偏差效应，其次从地方认同角度构建消费者对地理标志品牌偏好的心理基础，之后从心理距离框架下探讨消费者与品牌的空间位置关系的调节作用，即探究消费者与品牌的空间距离在地域群体身份对农产品地理标志品牌偏好影响中的调节效应。

第二，通过演绎推理和实验检验，揭示离家空间距离对近乡农产品地理标志品牌偏好的影响、发生机理与调节效应。具体地，从动态视角探析家乡概念，从内群体边界扩展角度构建消费者离家空间距离对近乡地理标志品牌偏好的影响及内在机理，然后从家乡与近乡之间区域文化差异性角度探讨消费者离家空间距离与近乡农产品地理标志品牌偏好之间关系的调节效应。

第三，通过演绎推理和调查实证检验，揭示居住流动性对他乡农产品地理标志品牌偏好的影响、发生机理与作用边界。具体地，首先，构建消费者居住流动性对他乡地理标志品牌偏好的促进模型，其次，从广泛的他乡地方认同角度，探讨消费者居住流动性对他乡地理标志品牌偏好的影响的中介机理，之后从区域形象角度探寻他乡地理标志品牌偏好的作用边界。

1.2.2　研究意义

本书基于农产品地理标志品牌独特的地域关联属性，捕获了消费者与地理标志品牌之间存在的多层次地缘关系类型（家乡、近乡和他乡），运用调查法和实验法等不同形式的实证方法，探讨消费者对农产品地理标志品牌偏好的内外群体偏差效应及家乡品牌偏好的驱动机理，并揭示了消费者对近乡和他乡农产品地理标志品牌偏好的驱动机理与作用边界，以此从内群体巩固、内群体扩展和外群体吸引等多条路径探索地理标志品牌市场拓展策略。具体而言，本书的研究意义体现为以下几个方面。

1.2.2.1　理论意义

本书为农产品地理标志品牌偏好的驱动机理与市场容量扩展路径提供了较为系统的论述，理论意义包括以下三个方面。

第一，本书首次将消费者与农产品地理标志品牌之间的地缘关系划分为"家乡""近乡""他乡"三个层次的相对概念，基于该地缘关系视角，探讨了消费者对家乡、近乡和他乡农产品地理标志品牌偏好的驱动机理，为农产品地理标志品牌消费行为与态度的相关研究提供了新思路。虽然以往研究关注到品牌地域差异性因素对消费者行为的影响，但是大量文献主要围绕本土品牌或者家乡品牌的消费行为问题进行探讨（李倩倩和崔翠翠，2018；Sichtmann et al.，2019；Liu et al.，2020；徐岚等，2020），因此，从"近乡"和"他乡"维度切入农产品地理标志品牌研究仍是一个新视角。

第二，本书从动态视角解析家乡概念，拓展了有关家乡身份建构和群体身份延展性的研究。先前相关的文化研究和身份认同研究大多把"家乡"看作静态、持久的实体概念，忽视了家乡概念的动态变化性。本书从解释水平视角验证，人们对家乡概念的主观定义随离家空间距离的远近而发生变化。此外，以往关于社会群体身份延展性的研究关注了已建立的群体身份等级之间的转换（Ding et al.，2017）和非重叠的群体身份之间的转换（Verrochi et al.，2018），但较少涉及群体身份边界的扩展。本书的研究情境中家乡群体身份建构具有独特的空间属性，个体对近乡区域与家乡概念之间的关系判断反映了家乡身份边界的扩展程度，从而补充了相关研究。

第三，本书丰富了地方认同的相关研究，一方面探讨了居住流动性与地方认同之间的关系，另一方面拓展了对地方认同的理解。以往研究表明，居住稳定的个体对所在地表现出强烈的情感依恋或认同，而流动的居住经历会削弱人们对这个地方的认同（Oishi et al.，2015），但是从"他乡"视角探讨个体居住流动性对他乡地方认同的影响得出了相反的结论，即居住流动性可以提高消费者对他乡的地方认同。此外，他乡地方认同是一种文化开放性的表现，体现个人对自己和其他群体之间的异同点持开放态度和兴趣的程度（Nesdale and Todd，2000），所以对他乡的地方认同实质上是超越地区边界的外倾性和对不同区域文化的开放性，扩展了地方认同的原有含义，丰富了地方认同的研究视角。

1.2.2.2 实践意义

本书为农产品地理标志品牌建设与市场容量扩展路径规划提供了实践指导，使农产品地理标志生产经营管理相关主体能更好地利用现有资源优势，采取更为科学的营销策略，获得更具品牌竞争力和发展持续性的优势。研究结论的实践意义包括两个方面。

第一，本书对农产品地理标志品牌市场细分、市场定位和市场拓展等方面提供了重要的理论参考。农产品地理标志品牌的发展关键是凭借集群效应和规模效应优势打造具有市场优势的品牌效应，传统立足于家乡市场的农产品地理标志品牌定位可以满足巩固内群体的目标，而树立近乡农产品地理标志品牌与他乡农产品地理标志品牌意识则是拓展内群体与吸引外群体的策略变化。本书首先将消费者与农产品地理标志品牌的地缘关系划分为家乡、近乡和他乡等多个层次，其次，提出内群体巩固、内群体扩展和外群体吸引等多条市场拓展路径，有利于农产品地理标志品牌管理主体在本地市场和外地市场识别潜在的目标顾客和实施差异化的市场定位策略；最后，对关于家乡、近乡和他乡农产品地理标志品牌偏好的驱动机理进行讨论，对农产品地理标志品牌生产经营管理者和电子商务平台等相关主体综合利用消费者静态和动态地理位置信息作个性化推荐具有直接参考价值。

第二，区域文化差异性与区域形象等因素在塑造消费者群体边界与地方认同时也具有无法忽视的作用，这为农产品地理标志品牌管理主体通过差异化营销扩展内群体和吸引外群体提供了一定的营销启示和策略思路，也有利于政府部门从宏观视角重视地方文化特性、自然资源、地区经济与人民面貌等形象符号的塑造与维护，对地方农产品地理标志发展过程中的形象赋权具有理论指导意义。

1.3 研究内容与研究结构

1.3.1 研究内容

本书的研究内容包括以下三个部分的实证研究内容：第一，讨论了农产品地理标志品牌偏好的内外群体偏差效应和家乡农产品地理标志品牌的驱动机理，即消费者地域群体身份对农产品地理标志品牌偏好的作用效果、发生机制与作用边界，具体研究内容有：依据社会认同理论和地方认同理论，探讨了消费者地域群体身份（家乡群体成员与非家乡群体成员）产生的社会距离与消费者居住地物理分布形成的空间距离对农产品地理标志品牌购买意愿的影响以及地方认同的中介作用。第二，从农产品地理标志品牌内群体扩展路径出发，讨论了消费者对近乡农产品地理标志品牌偏好的驱动机理与作用边界，即消费者离家空间距离对近乡农产品地理标志品牌偏好的影响，具体研究内容有：依据社会认同理论和解释水平理论，揭示了消费者离家空间距离对其家乡内群体边界扩展和近乡农产品地理标志品牌偏好的影响以及内群体边界扩展的中介作用和区域文化差异性的调节作用。第三，从农产品地理标志品牌外群体吸引路径出发，讨论了消费者对他乡农产品地理标志品牌偏好的驱动机理与作用边界，即居住流动性对他乡农产品地理标志品牌偏好的影响，具体研究内容有：依据社会认同理论，揭示了居住流动性对消费者对他乡地方认同和对他乡农产品地理标志品牌偏好的影响，以及他乡地方认同的中介作用和区域形象的调节作用。

1.3.2 研究结构

本书共分8章，各个章节结构安排如下：

第1章：绪论。主要阐述本书的整体研究背景、研究目的和研究意义，概括本书的主要研究问题，部署研究结构，详细阐述实证研究方法和流程、数据分析方法与技术路线，并在最后讨论研究可能形成的创新之处。

第2章：文献综述。本章系统地总结了农产品地理标志的基本属性，归纳了农产品地理标志品牌价值与消费偏好的相关研究成果。具体地，首先，详细梳理与总结农产品地理标志的概念与基本属性、农产品地理标志品牌价值的内涵以及消费者层面的农产品地理标志品牌偏好的相关研究；其次，厘清心理距离与居住流动性的概念定义及其对消费者心理和行为的影响等相关研究，在此基础上，总结和述评以上相关研究。

第3章：理论基础与分析框架。本章主要整理和介绍相关概念界定和相关理论基础，并基于地缘关系视角描述本书的理论分析框架。具体地，首先，厘清农产品地理标志、品牌偏好、地域群体身份、地方认同和内群体边界扩展等相关概念定义；其次，分别介绍社会认同理论、地方认同理论和解释水平理论等理论基础，并在理论回顾的基础上，提炼出本书要研究的主要问题，勾勒本书的理论分析框架。

第4章：农产品地理标志的发展状况。本章系统性地梳理地理标志的保护和发展历程。首先，明晰地理标志的起源、地理标志在中国的发展与强化历程，国内地理标志申请体系的演进，并按照时间顺序理顺了地理标志保护制度的关键事件和文件，由于本书实证部分主要围绕湖北省地理标志农产品开展深入调查研究，因此在本章补充了湖北省地理标志的发展现状。

第5章：家乡农产品地理标志品牌偏好的驱动机理研究。本章探讨了农产品地理标志品牌内外群体偏差效应及家乡品牌偏好的驱动机理，即地域群体身份对农产品地理标志品牌偏好的影响和地方认同的中介作用。本章首先将消费者与农产品地理标志品牌之间的地缘关系划分为社会维度上的地域群体身份与空间维度上的消费者——品牌空间位置关系，依据社会认同理论和地方认同理论提出本章的研究模型，其次，采用调查法，以湖北省农产品地理标志品牌为研究对象展开调查，调查对象选取了位于湖北省武汉市和四川省成都市的普通消费者，收集了457份有效问卷，通过最小二乘回归方法和拔靴法（Bootstrap）分析方法实证检验了消费者地域群体身份对农产品地理标志品牌购买意愿的影响，地方认同在地域群体身份与农产品地理标志品牌购买意愿之间发挥的中介作用，以及消费者——品牌空间位置关系的调节作用，为地理标志品牌内群体巩固策略的制定提供理论依据。

第6章：近乡农产品地理标志品牌偏好的驱动机理研究，即探讨离家空间距离对近乡农产品地理标志品牌偏好的影响及内群体边界的中介作用。首先，指出以往研究所关注的乡愁消费方面的研究大多局限在乡愁情感对家乡品牌或产品的促进上，很少关注乡愁情感是否会延伸到家乡相邻区域的品牌或产品上。其次，依据社会认同理论和解释水平理论，阐述家乡作为一个动态的概念可以根据不同空间距离情境调整心理层面上的家乡内群体边界，并且构建了本章的研究模型。最后，通过三项实验，采用T检验、方差分析、最小二乘回归分析和Bootstrap分析方法系统检验了消费者离家空间距离对其家乡内群体边界扩展和近乡农产品地理标志品牌偏好的影响，内群体边界扩展的中介作用，以及区域文化差异性的调节作用。三项实验采用了不同的近乡农产品地理标志品牌偏好测量方式和不同空间尺度的"近乡"标准，得出了稳定一致的研究结论，为离家空间距离对消费者近乡农产品地理标志品牌偏好的影响关系提供了有力的实证支持，为地理标志品牌内群体扩展策略的制定提供理论依据。

第7章：他乡农产品地理标志品牌偏好的驱动机理研究，即探讨居住流动性对他乡农产品地理标志品牌偏好的影响及他乡地方认同的中介作用。本章立足于人口频繁流动的社会背景，在以第6章的研究内容基础上，继续探讨消费者对他乡农产品地理标志品牌偏好的促进机制。首先，依据社会认同理论和居住流动性相关研究结论构建了本章的研究模型。其次，采用调查法，以湖北省农产品地理标志品牌为研究对象，面向位于四川省成都市、广东省广州市、山东省济南市和青岛市的非湖北籍消费者，收集了433份有效问卷。最后，通过最小二乘回归分析方法和Bootstrap分析方法检验了消费者居住流动性对"他乡"农产品地理标志品牌购买意愿的影响，他乡地方认同的作用机制，以及区域形象的调节作用，为地理标志品牌外群体吸引策略制定提供理论依据。

第8章：研究结论、启示、局限及展望。本章整体总结实证章节所得出的主要研究结论，并细致区分核心变量的逻辑关系。根据相关研究结论详细阐述这些研究结论对推动农产品地理标志品牌建设和市场容量扩张策略的营销启示，同时归纳本书在研究方法上的不足和研究内容上的局限，并提出值得未来相关研究继续探索的研究问题与研究领域。

1.4 研究方法与技术路线

1.4.1 研究方法

1.4.1.1 实证研究方法

第5章采用调查法实证研究：研究目的在于探索消费者地域群体身份（家乡群体成员与非家乡群体成员）对农产品地理标志品牌购买意愿的影响与内在机制，以湖北省农产品地理标志品牌为研究对象展开调查，调查对象选取了位于湖北省武汉市和四川省成都市的普通消费者，收集有效样本总数为 457 份。

第 6 章采用实验法实证研究：通过三项实验循序渐进检验研究模型，三项实验的设计方案如下：（1）实验一的主要目的是检验消费者离家空间距离对近乡农产品地理标志品牌偏好的影响，实验采用两组间（离家距离远与离家距离近）单因素实验设计，实验中采用湖北省仙桃市农产品地理标志品牌"沔阳三蒸"作为近乡品牌，实验对象选取了湖北省武汉市内就读的湖北籍在校大学生（非仙桃市的湖北人）和在北京市内就读的湖北籍在校大学生（非仙桃市的湖北人）参与实验，有效样本总数为 118 份。（2）实验二的主要目的是检验内群体边界扩展在消费者离家空间距离与近乡农产品地理标志品牌偏好之间发挥的中介作用。实验采用两组间（离家距离远与离家距离近）单因素实验设计，实验中采用重庆市农产品地理标志品牌"城口老腊肉"作为近乡品牌，实验采用准纵向设计以更好地控制组间样本异质性，实验分为两个时间点开展，第一次实验时间为 2019 年 6 月，第二次实验为 2020 年 7 月的补充实验，实验被试均从天津某高校和秦皇岛某高校的四川籍在读大学生群体中招募。2019 年 6 月的实验被试主要在校学习，离家距离远，2020 年 7 月的实验被试主要生活在家乡，离家距离近。最后获得的有效样本总数为 89 份。（3）实验三的主要目的是检验区域文化差异性对离家空间距离与消费者内群体边界扩展和近乡农产品地理标志品牌偏好之间关系的调节作用，实验采用 2（离家距离远与离家距离近）×2（区域文化差异性高与区域文化差异性低）组间实验设计。实验采用湖北省恩施州农产品地理标志品牌"建始猕猴桃"作为近乡品牌，实验对象选取了在湖北省武汉市内就读的湖北籍在校大学生（非恩施州的湖北人）和在北京市内就读的湖北籍在校大学生（非恩施州的湖北人），收集有效样本总数为 209 份。

第 7 章采用调查法进行了实证研究：由于研究目的在于探索消费者

居住流动性对他乡农产品地理标志品牌购买意愿的影响与内在机制，因此，以湖北省农产品地理标志品牌为研究对象，调查对象需面向非湖北人，调查地点选取了四川省成都市、广东省广州市、山东省济南市和青岛市，以尽可能涵盖多样化区域，有效样本总数为 457 份。

实证研究方法流程：调查法首先初步拟定问卷进行试调研，其次，发布和收集正式问卷，通过整理与分析数据，检验研究假设得出研究结论。实验法首先明确各个实验的实验目的和整体实验框架设计，再其次，准备实验材料与实施实验，整理与分析实验数据结果检验研究假设，最后，总结实验并得出研究结论。

1.4.1.2　数据分析方法

（1）探索性因子分析法和验证性因子分析法。二者均属于因子分析法的范畴，因子分析法是指从多个指标提炼为少数几个能够概括这些指标内涵的公因子或者共性因子的统计技术，可以实现降低维度的作用。探索性因子分析法不需要提前预设公因子的结构和数量，而是根据解析出的公因子个数以及各个指标对公因子所作贡献的载荷系数明确整体量表内部多个观测指标的相关程度和内在结构。而验证性因子分析法可以检验实际观测数据是否能够很好地拟合预先构建好的因子结构。当前一些研究通常依据 Harman 单因素法检验共同方法偏差或者同源偏差，对调查问卷当中的目标观测变量值作探索性因子分析，依据未旋转的第一个因子的方差解释来检验测量量表是否存在明显的共同方法偏差或者同源偏差，方差解释率以 50％ 作为检验临界值，当第一个因子的方差解释率低于 50％ 时，调查数据可以用于作进一步假设模型的分析检验。采用验证性因子分析得出的因子载荷结果可以检验各个指标变量是否具有良好的构念效度，是数据分析结果有效性的保障。

（2）独立样本 T 检验分析法和方差分析法。独立样本 T 检验分析法可以推测两个样本数据的平均值是否存在显著差异。方差分析可以推测两个及两个以上样本数据的平均值是否存在显著差异。本书采用独立样本 T 检验分析法和方差分析法检验实验设计或者实验材料对关键控制变量的操控是否成功，检验消费者在不同情境下关于核心变量的差异显著性。

（3）层次回归分析法。回归分析可以用来检验两种或者两种以上变量间是否存在显著的定量相关关系。本书的三个实证章节数据分析均采用了多层次最小二乘回归分析方法对文中研究模型进行检验。本书通过对样本定量数据进行分析，主要检验关键指标对农产品地理标志品牌偏好的影响是否成立，以及在不同研究情景中，检验中介效应和调节效应是否显著。

（4）拔靴（Bootstrap）中介效应分析法。Boostrap 分析法中的结构方程模型可以检验多种类型的中介效应模型，该方法在管理学研究领域数据统计中的应用日益频繁。因为 Bootstrap 分析法是一个无须设定参数的独立重复抽样程序，对中介效应的分布状态没有要求，所以相比于层次回归分析法和 Sobel 中介效应检验法，采用 Bootstrap 的结构方程模型进行中介效应检验可以提高样本数据在样本量少、中介效应值小或者中介效应值并非正态分布时的统计效率，同时能够在一定程度上克服研究变量的测量误差问题以及存在两个或多个平行或者链式中介变量的情况（张涵和康飞，2016）。Bootstrap 分析法支持对多种类型的中介效应进行检验，所以本书主要采用 Bootstrap 分析法对调查和实验数据进行中介效应分析或者有调节的中介效应分析，主要用于检验纳入消费者——品牌空间位置关系之后，地方认同对地域群体成员身份和农产品地理标志品牌购买意愿之间关系的有调节的中介效应；检验内群体边界扩展在消费者离家空间距离和近乡农产品地理标志品牌偏好之间的中介效应，以及纳入区域文化差异性之后离家空间距离对近乡农产品地理标志品牌偏好的有调节的中介效应；检验纳入区域形象之后，他乡地方认同对居住流动性与他乡农产品地理标志品牌购买意愿之间的关系有调节的中介效应。

1.4.2 技术路线

本书的技术路线如图 1 - 1 所示。

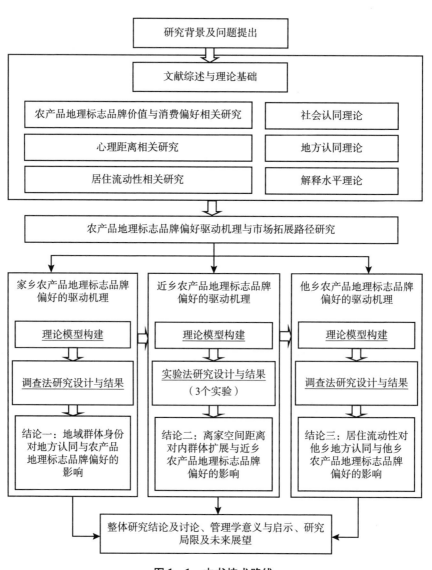

图 1 - 1 本书技术路线

资料来源：笔者绘制。

1.5 研究创新点

本书可能的创新点主要体现在以下几个方面：

第一，多层次构建消费者与品牌之间的地缘关系，拓展了农产品地理标志品牌消费行为的研究视角。本书基于地缘差序格局的层次性，创新性地将消费者与农产品地理标志品牌之间的地缘关系划分为"家乡""近乡""他乡"三个层次的相对概念，在验证农产品地理标志品牌地域内外群体偏差效应的基础上，探讨消费者对近乡和他乡农产品地理标志品牌偏好的驱动机理，并进一步探寻内群体巩固、内群体扩展与外群体吸引等地理标志品牌市场拓展的路径与对策。以上三个层次的研究内容围绕消费者与品牌之间的地缘关系层层递进，系统地阐述了农产品地理标志品牌偏好的驱动机理，并为农产品地理标志品牌市场容量扩展提供了具体的策略思路，研究内容具有探索性意义。

第二，从动态视角和文化地理视角解读家乡概念，揭示了地方认同和内群体边界的可延展性。在以往有关身份认同的研究中，"家乡"概念往往被看作是静态、持久的地理实体，例如特定城市、区域或国家等，忽视了家乡概念的主观性和动态变化性。本书首先引入内群体边界扩展这一概念，探讨了消费者的离家空间距离对内群体边界扩展的促进作用，以及区域文化差异性在上述效应中的调节作用，以此表明人们对家乡概念的认知具有地理层面上的延伸性和文化层面上的包容性，家乡不仅是一个地理特指，还是一种文化指代。其次，本书检验了地方认同对家乡农产品地理标志品牌偏好的中介作用机制，然后在地方认同理论基础上，分析了消费者空间特征对"近乡"和"他乡"地方认同的影响，拓展了地方认同的空间内涵。

第三，基于消费者的地域流动性创建研究情景，丰富了消费者与农产品地理标志品牌的地缘关系结构内涵。消费者与农产品地理标志品牌地缘关系具有社会属性和空间属性两层含义：其一体现为像"水波"一样有层次性的社会差序格局，反映了消费者与生俱来的籍贯赋予他们先天性的、稳定的地域群体身份；其二体现为会随人口流动而不断变化的空间相对位置，反映了消费者与农产品地理标志品牌之间的动态的地缘关系。本书首先按照地缘关系的社会差序格局分解出家乡、近乡与他乡三个层次，构建了农产品地理标志品牌偏好驱动机理研究的整体框架；其次，基于消费者的地域流动性这一现实背景，提炼出消费者——品牌空间位置关系、消费者离家空间距离与消费者居住流动性等研究变量，探讨它们分别对农产品地理标志品牌偏好的影响。因此，研究内容既有纵向的层次感也有横向的拓展感。

CHAPTER
TWO

第2章

文献综述

2.1 农产品地理标志的基本属性

由于本书关注的是农产品地理标志，因此本书遵循原农业部颁布的文件《农产品地理标志管理办法》上对农产品地理标志的概念界定，该文件规定，农产品地理标志是指标示农产品来源于特定地域，产品品质和相关特征主要取决于自然生态环境和历史人文因素，并以地域名称冠名的特有农产品标志。如"秭归脐橙""梁子湖大河蟹""房县黑木耳"等。这种指明了产品的原产地的地理标志，实质上是一种特殊的知识产权，代表着产品具有来源于特定生产区域的品质与信誉，内含独特的自然环境优势或者人文历史价值，进而能够为市场提供良好的公信力和品牌价值（孙葆春等，2014；陈萌山，2013）。

农产品地理标志具有一系列的基本属性，具体而言，包括以下几个方面：（1）权属具有一定的公共性。在规定产地范围内达到产地环境、生产方式和产品品质等标准的所有企业、团体或者个人得到授权后，地理标志由这些主体共同使用，因此，农产品地理标志的应用被赋予了集体性和公共性，同时具有集体商标和证明商标的特征。（2）生产地域和规模具有限定性。地理标志属于特殊的知识产权保护对象，地理标志保护产品必须被限定在特定区域进行生产，且生产方式、产品筛选等需要满足一定标准，所以地理标志的生产规模存在一定限制，农产品产量的增长具有边际界限。（3）市场具有相对垄断性。农产品地理标志的关键特征体现为产品品质和信誉等资源禀赋与产地自然环境和历史人文因素的相关性，因此，农产品地理标志的内部品质、内在文化等相关属性具有一定的独特性，具备垄断产品的部分特征，这种垄断性可以减少消费的价格敏感性，一旦农产品地理标志的受众偏好被培养起来便不会轻易改变。（4）品牌具备一定放大效应和溢出价值。农产品地理标志是得到官方认定和登记的农产品区域公用品牌，相较于一般的农产品品牌和农业企业品牌，农产品地理标志品牌更容易形成产业集群效应和规模效应优势（胡铭，2008），品牌发展具有一定的可持续性。（5）物质和非物质的整合性。农产品地理标志品牌既具有来自农产品本身的实用功能，又蕴含丰富的无形的传统文化、民风民俗和经典工艺等人文特色，可以给农产品地理标志品牌的可持续发展挖掘出巨大的潜力（严立冬等，2012；陈思，2013）。

2.2 农产品地理标志品牌价值的内涵

20 世纪 80 年代以来，品牌价值被视为竞争优势的新来源，成为学者和企业家们共同关注的焦点。品牌价值（brand value）指与品牌名称、标志等有关的能够给企业利益相关方创造额外收益的无形资产，而从消费者利益视角来看，品牌价值也指能够给消费者提供的超越产品物理属性与实用功能的特殊效用（Aaker，1991）。对于品牌价值的内涵，学术界有不同的理解，从企业的视角来看，品牌价值指与品牌名称、标志等有关的能为企业创造超额收益的无形资产（Biel，1992；Johar et al.，2005），体现为企业未来可预见获取的稳定收益，是可预测的现金流；从消费者的视角来看，品牌价值指品牌为消费者带来的超过产品本身价值的特殊效用（Aaker，1991）。即从企业的角度来看，品牌价值在于为企业创造超额收益；从消费者的角度来看，品牌价值在于消费者对品牌的认知。比较而言，企业视角的品牌价值既体现为直接影响企业财务绩效和现金流的品牌销售价值或者替代价值（刘建华等，2019），也代表企业持续优化发展的综合能力（孟鹏和谭昊桐，2019）。消费者视角下的品牌价值可以表现为消费者对品牌的偏爱、态度和行为（Keller，1993；Song et al.，2019）。在市场经济环境下，消费者只有体验到品牌所代表的利益，才能产生主动购买或者溢价支付等品牌忠诚行为，继而为企业（生产者）带来增量收益，实现品牌的财务价值（范秀成等，2000）。这意味着，企业视角的品牌价值与消费者视角的品牌价值并非互相排斥，通过为消费者创造高质量的产品体验与象征意义可以为企业带来超额收益，要提升品牌价值必须把消费者价值摆放在第一位。因此，本书聚焦于消费者视角的地理标志农产品品牌价值实现与市场容量扩展策略研究。

凯勒（Keller，1993）首次从消费者的视角出发并将品牌价值概括为功能价值、象征价值和体验价值。其中，功能价值特指产品的实用性功能，象征价值传达了品牌对消费者身份和地位的表达程度，体验价值概括了产品在消费过程中提供的情感享受等积极的体验感（Keller，1993）。这三个价值维度的划分为后来品牌价值理论的丰富奠定了基础。尽管学者们对品牌价值的划分维度不尽相同，但是大量研究都显示，消费者对上述功能价值、情感价值等方面的综合感知最终反映为产品购买等品牌忠诚行为（Yoo and Donthu，2001；Tasci，2018）。

首先，农产品地理标志融合了自然生态与人文历史、贯穿了传统工艺与现代技术，其所拥有的与地域密切关联的产品品质特色和独特声誉可以使之有效区分于其他同类农产品品牌，容易在消费者记忆中形成独具特色的品牌形象和产品符号，因此，农产品地理标志是一种独特的品牌资产，能够激发农产品市场竞争力（王志本，2005；Moschini et al.，2010；邓启明等，2011）。其次，地理标志也是一种价值标签。地理标志的注册审核机制通过确保产品具有基于人文知识和自然环境的特定品质（Luceri et al.，2016），使得其标识本身就能构成鉴别质量的重要外部线索，可以解决买卖双方信息不对称的问题（鲁钊阳，2019），这对具有信任品属性的农产品而言至关重要。

具体而言，农产品地理标志的品牌价值体现在以下几个方面：

第一，从功能价值维度来看，地理标志标签是一种特殊的质量信号。因为农产品地理标志的注册申请需要满足产地自然环境的较高标准、产品品质具有特色、品牌发展历史悠久等门槛要求，确保地理标志农产品具备与区域自然或者人文因素相结合的独特品质，所以地理标志标签就成为一种质量信号。农产品地理标志品牌能给消费者带来更高的质量感知、更强的安全性感知和更佳的产品形象感知（Isabel Bardají et al.，2010；Teuber，2011；苏平等，2014）。提尤伯尔（Teuber，2011）的研究详细指出，消费者对地理标志标签的感知体现为质量保证、经济支持和价格三个维度，地理标志标签能够提高消费者的感知质量保证和感知经济支持，这两个维度的感知进一步正向影响消费者对农产品地理标志的购买意愿和支付意愿，不过，地理标志标签会增加消费者对产品的价格感知，这会引发对购买意愿的负向影响。

第二，从象征价值维度来看，农产品地理标志品牌通过强化其与特定地域的关联性，在地理空间上与历史空间上呈现出穿越时间的一致性和持续性，体现为品牌的传统性，能够激发人们对地理标志品牌内在蕴含的乡村自然与人文要素的自豪感（Voyce，2007），标识了地理标志品牌对特定"风土"承诺的客观真实性（Beverland et al.，2013）。杨海龙（2018）进一步将这种真实性感知拓展为"正宗传承"和"价值象征"两个维度：一方面，内嵌于农产品地理标志品牌的自然禀赋、传统文化、经典记忆、原产地形象等独特价值体现了品牌"正宗传承"维度的真实性；另一方面，农产品地理标志品牌以"地名 + 产品名"的命名方式明确提示了品牌赋有的资源优势、体验价值或者关系的差异化与特殊性，这在一定程度上可以帮助消费者通过消费地理标志品牌来建构自我形象，从而体现了品牌"价值象征"维度的真实性。

第三，从体验价值维度来看，农产品地理标志品牌具有丰富的文化价值。农产品地理标志品牌往往蕴含着独特的地理特征、资源优势与悠久历史（陈矗和吴传清，2012），消费者消费地理标志品牌的意图不仅是满足其对产品本身的实用价值需求，还是在享受和追随品牌无形的文化内涵（刘妍等，2011）。因此，农产品地理标志可被视为一种特定区域的人文风土符号，也是消费者了解该地区的一个窗口，地理标志品牌及其原产地所附带的历史典故、经典工艺和风俗传统等文脉资源均是构建消费者体验的关键因素，其内在融合的自然与文化双遗产也为消费者提供了滋养精神与丰富文化的功能。

此外，浙江大学 CARD 农业品牌研究中心（2011）开发的"中国农产品区域公用品牌价值评估模型"（以下简称"CARD 品牌价值评估模型"）对地理标志品牌价值进行了量化计算。他们将地理标志品牌价值具体表述为品牌收益、品牌强度乘数和品牌忠诚度因子三部分的乘积。品牌收益指消费者为该品牌产品所支付的高于同类一般产品的超额利润；品牌强度指其所带来的未来持续收益的能力；品牌忠诚度则指消费者愿意承受和支付的溢价。而王文龙（2018）进一步以十大影响因素作为一级指标构建了地理标志农产品品牌综合价值指数量表，具体包括地理标志品质特征、名称声誉、管理保护、质量安全、产业发展、市场竞争、经济价值、文化价值、社会价值和公众影响。

农产品地理标志品牌通过传达功能价值、象征价值和体验价值等多层次的品牌价值，可以形成巨大的品牌资产和有前景的市场竞争优势（Moschini et al.，2010；王志本，2005；孙亚楠和胡浩，2015），不仅可以提高消费者对农产品品牌的识别度和认知度（Moschini et al.，2010；Menapace and Moschini，2012），给消费者带来更具特色的品质享受和情感体验，还能够提高农产品销量和溢价能力（王国华，2017），为生产经营者带来品牌绩效和丰厚利润（Babcock，2003；周曙东和张西涛，2007）；并且能够促进地区经济增长和产业高质量发展（黄凤等，2024），凭借电子商务平台推动跨境农产品线上发展（鲁钊阳，2019）。

然而，农产品地理标志的品牌价值在现实市场中并没有充分发挥其潜力。整体而言，首先，我国农产品地理标志品牌价值利益分配不均衡，尤其是处于价值链供应端的小农户收益甚少。其次，农产品地理标志难以创新升级，尤其对于那些强调传统性、经典性和非转让性的品牌而言，品种品质难以推陈出新，无法适应消费者不断变化的消费偏好，品牌价值难以实现可持续性。此外，地理标志保护制度难以落实，农产品品质和技术同质化严重，致使品牌价值的附加值不高，农产品地理标志的品牌价值实现受到很多制约（赵冠艳和栾敬东，2021）。因此，如何提升农产品地理标志的品牌价值既是乡村产业振兴和农业高质量发展亟待解决的重大现实问题，也是品牌价值领域需要探索的重要理论课题。

2.3 农产品地理标志品牌偏好的相关研究

品牌偏好是从消费者层面反映品牌价值的重要维度（Yoo and Donthu，2001）。品牌偏好（brand preference）是指消费者对于特定品牌产品或者服务的喜爱程度（张修志和黄立平，2007），能够反映消费者的实际消费决策和购买行为（吴春雅等，2019），并且是形成消费者对品牌忠诚的前提条件（马鸿飞，2008）。从心理学的视角出发，品牌偏好的内涵可以笼统地概括为品牌认知成分、品牌情感成分和品牌行为成分（马鸿飞，2008）。品牌认知反映了消费者在对品牌形成认知的过程中，产生的与品牌商标、产品品质、产品包装、服务内容与品牌信誉等相关的知觉认识、观念意见等，并且塑造消费者所偏好的、习惯化的倾向；品牌情感则反映了消费者对特定品牌的品牌商标、产品品质、产品包装、服务内容与品牌信誉等方面的情感反应，包括喜爱—厌恶、欣赏—反感等一系列品牌态度和品牌评价；品牌行为是消费者品牌偏好的最终表现形式，品牌行为倾向具体反映了消费者对特定品牌的产品或者服务所采取的行为意向，包含对特定品牌的产品或者服务的购买意愿、品牌忠诚等行为反应（马鸿飞，2008）。在消费者行为研究中，学者采用了不同方式来测量消费者的品牌偏好，例如，品牌评价（Torelli et al.，2017；Ng et al.，2020）、购买意愿或者支付意愿（Yoo and Donthu，2001；徐岚等，2020；Esteky，2022）、口碑传播意愿或者推荐意愿（神铭钰等，2021）以及真实的消费者购买行为、分享行为（徐岚等，2020；Esteky，2022；Mookerjee et al.，2021）等。

农产品地理标志品牌偏好是建设和发展农产品地理标志品牌的重要指标。以往研究以单个品牌或者综合品类为研究对象探讨了农产品地理标志的有效性和消费者对农产品地理标志品牌偏好的影响因素。综合而言，伴随居民收入增长和消费升级的时代趋势，农产品地理标志品牌所代表的独特品质、天然性与内在文化价值逐渐受到消费者关注，消费者愿意购买地理标志农产品并为其支付溢价（张国政等，2017；Ji et al.，2020；Sanjuan-Lopez and Resano-Ezcaray，2020）。例如，谢敏（2017）的调查显示，64.91%的受访者认同地理标志农产品的品质优秀、价格合理且比同类农产品好，另有 39.1% 的消费者对此非常认同；周安宁和应瑞瑶（2012）的研究采用特征价格模型发现，消费者愿意为"碧螺春"茶叶的原产地地域属性与地理标志标签属性这些外部线索增加支付意愿；尚旭东等（2011）以"盐池滩羊"作为研究对象的调查也发现，当盐池滩羊与同类羊肉价格相差无几或略高时，大部分消费者仍具有较强购买意愿。国外学者斯莱德等（Slade et. al., 2019）的研究也揭示，由于消费者重视奶酪与某一地区有着特殊历史连接的事实，原产地信息能对消费者偏好产生积极影响，它提高了所有奶酪的支付意愿。然而，国内外有些调查结果并不是完全支持上述结论。郝建强等（2012）的调查显示，"经常购买"地理标志农产品的受访者人数仅占受访者总人数的 15.9%；杨建辉和任建兰（2015）的研究也发现，仅有 3.61% 的受访者的第一选项是地理标志农产品。国外学者邦尼特和西苗尼（Bonnet and Simioni, 2001）指出，法国消费者购买干酪时，并不看重原产地理标签；利库迪斯（Likoudis, 2016）的调查表明，仅有 50% 的希腊受访者愿意购买贴有地理标志保护标签的产品。以上有关地理标志有效性的研究分歧产生的原因，一方面可能在于消费者对农产品地理标志品牌的主观购买意愿并不能完全预测其实际购买行为（吴春雅等，2019），另一方面可能在于存在其他因素综合作用于农产品地理标志品牌的消费态度与行为决策之中。

此外，地理标志标签与其他指标或者质量信号相结合可以构成更有效的质量信号。因为只有当农产品地理标志品牌具有良好的集体声誉和产品质量时，地理标志才能够有效促进农产品销量并提升品牌溢价，如果农产品质量较差，地理标志标签的存在可能会反噬品牌的集体声誉，造成更恶劣的负面影响（Mccluskey et al., 2003）。洛雷罗等（Loureiro et al., 2000）采用享乐定价模型在一定程度上再次论证了上述结论，研究结果表明，当"加利西亚牛肉"质量较高时，地理标志标签的存在会使得消费者产生更高的支付意愿，不过该研究也显示，当牛肉的价格较为低廉或者质量档次最高时，地理标记标签的存在与否对消费者溢价支付意愿无法产生显著差异。

综合国内外研究，影响消费者对农产品地理标志品牌偏好的因素众多，大体可以归纳为产地认知线索、产品根脉特征、消费者特质等几个方面。

（1）产地认知线索。线索利用理论认为与产品相关的外部线索是决定消费者知觉判断与消费行为的关键要素。原产地声誉和原产地要素禀赋是消费者感知农产品地理标志品牌质量的重要外部信号，是消费者感知农产品品牌客观真实性的主要依据，能够对消费者溢价支付意愿发挥重要的促进作用（Loureiro et al.，2000；Teuber，2007；涂洪波和朱清剑，2020）。范伊特叙（Van Ittersum K，2003）将农产品的产地形象分为人文因素和自然环境因素，他认为区域形象通过产品感知属性影响产品偏好，且这种影响受产品类型调节。与自然环境的影响相比，人为因素对啤酒的偏好影响大于对马铃薯的影响；对于马铃薯来说，自然环境相对更重要。对于旅居者而言，其对旅居地的地域文化差异感知会影响他们对来源于该地区的地理品牌的自我—品牌联结感知（金彩等，2022）。此外，消费者对其农产品地理标志产品与产地关系的联想即地区典型性存有差异，当地理标志农产品的地区典型性较高时，品牌采用能力型诉求或稀缺性诉求更能引发消费者积极的品牌态度，当地理标志农产品的地区典型性较低时，品牌采用热情型诉求或流行性诉求更能引发消费者积极的品牌态度（王丹等，2022；2024）。

（2）产品根脉特征。以往研究表明，地理标志品牌根脉会引发消费者的购买兴趣和品牌偏好（Vrontis et al.，2016；杨海龙等，2018）。根脉诉求包含了品牌传统技艺、文化传承、地理位置和产地环境等相关信息（Morhart et al.，2015）。苏平等（2014）研究发现，地理标志特有的地理环境因素和人文历史因素能够起到信号传递作用，降低产品信息不对称程度，感知质量和感知形象在这一影响过程中起到完全中介作用。而杨海龙等（2018）利用真实性理论，将特殊性产业集群品牌感知真实性概括为"正宗传承"和"价值象征"两个维度，建立了以集群品牌感知真实性为中介的企业品牌根脉传播诉求对集群品牌购买意愿影响的模型。相较而言，后入新兴企业品牌的根脉传播诉求对价值象征维度作用更大，消费者的长居留期强化了正宗传承维度的影响，而短居留期则强化了价值象征维度的影响（杨海龙等，2018）。青平等（2018）进一步从广告诉求方式角度指出，通过功能诉求方式阐述农产品地理标志品牌的自然资源优势可以增加消费者行为忠诚，通过价值诉求方式阐述农产品地理标志品牌的人文历史优势可以增加消费者情感忠诚，其中消费者自我品牌联结在其中发挥了重要的心理机制作用。集聚自然资源优势的农产品地理标志品牌通过增强实现型的自我品牌联结形成农产品品牌行为忠诚，而集聚人文历史优势的农产品地理标志品牌通过增强扩展型的自我品牌联结形成农产品品牌情感忠诚。仝海芳等（2020）则将农产品地理标志品牌原产地的自然生态环境和地形地貌等区域地理信息概括为地脉特征，将农产品地理标志品牌的历史文化、经典工艺、耕作方式和风俗等特征相关的信息概括为文脉特征，她们发现，相比于加工农产品，以地脉为诉求的农产品地理标志品牌信息对于初级农产品而言能够形成更强的购买力，因为地脉诉求所传达的自然真实性更强，而强调生产方式和工艺的传统性的文脉线索则对加工农产品购买意愿的影响更重要，因为文脉诉求所传达的传承真实性更强。

（3）消费者个人特质因素。消费者个人特质作为个体综合因素的概括，是决定农产品地理标志品牌消费偏好的重要因素。首先，消费者对原产地、产品外观、质量标签、食品质量安全等农产品属性的高度关注和高度了解可能会提高农产品地理标志品牌的购买意愿（Van Ittersum K，

1999；Tsakiridou et al.，2009）。其次，消费者情感偏好、风险偏好、消费习惯以及文化历史体验等心理倾向也是影响农产品地理标志品牌的购买意愿和溢价能力的潜在要素（周安宁，2012；Panzone et al.，2016；张国政等，2017；孙林等，2019；Sanjuan-Lopez and Resano-Ezcaray，2020；Rabadán et al.，2021）。此外，地理标志标签的有效发挥容易受到消费者知识的干扰（Carpenter et al.，2008）。当消费者缺少地理标志标签意识也不了解相关知识时，产品的原产地信息、价格水平、外观等因素对购买决策结果的影响更为显著（Vecchio and Annunziata，2011）；只有当消费者建立基于产品价值的标签意识后，地理标志标签才能够促进消费者的购买决策（Vecchio and Annunziata，2011），尤其是对于那些了解地理标志品牌原产地或者与该地区存在一定联系的消费者，他们对农产品地理标志品牌的支付意愿更高（Cilla et al.，2006；Resano et al.，2012）。卡彭特等（Carpenter et al.，2008）基于符号学观点提出，只有当地理标志标签容易被消费者识别且被认为可信的时候，它才会产生与贴标产品相关的描述性和推论性信念，进而通过产品整体质量感知最终影响购买意愿。

然而，消费者社会人口学特征对地理标志产品偏好的影响存在分歧，广泛证据显示消费者性别、年龄、家庭人口结构与数量、教育背景、文化素养、职业类型、收入等特征对地理标志产品的购买偏好与溢价意愿存在显著影响，且地理标志的消费群体特征趋向于呈现为年龄较大、学历和收入较高、已婚、女性等（Van Ittersum K，1999；Cilla et al.，2006；Fontes et al.，2012；Verbeke et al.，2012；刘瑞峰，2014），但也有一些研究不支持上述结论，如尚旭东等（2014）的研究表明，性别、年龄、收入、职业等对消费者高价购买地理标志农产品的行为并没有显著影响。此外，消费者群体类型也是决定消费者品牌态度与品牌行为的重要因素。一般而言，相比于外地人，本地人对本地农产品的购买意愿和溢价支付意愿更高（Van Ittersum K，1999；Panzone et al.，2016；吴林海等，2018）。

2.4 心理距离相关研究

2.4.1 心理距离的概念与维度划分

心理距离（psychological distance）是指人们在心理空间里对某一事件或客体所主观感知到的距离，即某事件或客体靠近或远离自我、这里或现在的主观感受（Trope and Liberman，2010）。心理距离是一个综合概念，包含了以下几个维度：时间距离（temporal distance）是个体以现在这个时间点为参照所感知到的事件发生或客体存在的时间远近（Bar-Anan et al.，2006）；空间距离（spaced distance）是指个体以"这里"为参照所感知到的事件发生或客体存在的物理距离的远近（黄静等，2011）；社会距离（social distance）是指个体以自我为参照所感知到的人与人之间的亲疏远近，或与社会客体之间的亲密疏远程度（Fujita et al.，2006）；真实性距离（hypotheticality distance，又称为概率距离）是指以现实为参照所感知到的事件发生或客体存在的可能性大小（Bar-Anan et al.，2006）。心理距离的不同维度并不是独立存在的，它们之间能够互相作用或转化，例如，时间距离会左右个体对社会距离的感知，钱德兰和梅农（Chandran and Menon，2004）的研究表明，与时间相关的诉求（每天或者每年）会影响人们对社会风险（自身风险和他人风险）的感知。此外，空间距离的靠近也会拉近个体对社会距离的感知，威廉姆斯和巴格（Williams and Bargh，2008）的笛卡尔平面设计实验表明，相比于空间距离近的被试，当被试所处空间距离远时，他们感知与他人的关系更为疏远。

2.4.2　心理距离对消费者心理和行为的影响

心理距离对消费者偏好判断和行为决策等具有重要影响，在消费者行为领域的运用十分广泛。例如，心理距离会影响消费者对人际亲密度的感知、对产品属性的感知和对品牌的态度等。在人际关系方面，社会距离的拉近会增加个体对所处群体的认同，使他们倾向于将周围的他人视为自己的内群体成员，并增强对他们的信任度（Rigdon et al.，2009；Charness and Gneezy，2007）；因此，社会距离的拉近可以帮助个体更好地了解周围的人增强对他们的信任度。在送礼物的过程中，赠送者与接收者的社会距离越近，赠送者对礼物接收者的偏好越了解，进而更愿意赠送体验性礼物，而赠送者与接收者的社会距离越近，赠送者对礼物接收者的偏好越不了解，进而更愿意赠送物质性礼物（Goodman and Lim，2018）。在产品评价方面，消费者与产品的空间距离越近，感知产品越有效（Chae et al.，2013）。消费者与二手商品的个人所有者之间的心理距离还能减少消费者对二手商品的感知污染，进而增加对二手商品的购买意愿（李巧和刘凤军，2020）。不过，远处的事物通常意味着是不容易达到目标的，或者是稀缺的，而稀缺也能创造价值，因为人们渴望的许多东西都是他们买不起的产品（Vigneron and Johnson，1999）。最新研究也表明，产品的视觉表征和消费者/模特之间的空间距离交互影响消费者对产品的感知，对于一个有声望的品牌，产品与消费者/模特之间的空间距离越远越导致更积极的态度和更高的支付溢价的意愿，因为上述远空间距离能够增强消费者对品牌声望的感知，而对于一个大众化的品牌，产品与消费者/模特之间的空间距离越近，则态度越积极，支付溢价的意愿越高，因为上述近空间距离能够增强消费者对品牌社会亲密度的感知（Chu et al.，2021）。

　　由于心理距离所包含的不同维度共同影响消费者的认知判断，不同维度的心理距离会在消费者偏好构建与选择决策过程中产生交互效应。例如，在品牌犯错情景下，相比于事件的发生地空间距离远（发生在3000千米以外）的情况，在事件发生地的空间距离近（发生在当前城市）时，消费者会对犯错品牌形成更加消极的品牌评价，尤其在品牌伤害的对象与消费者的社会距离远（陌生人）的情况下，这种效应更为明显，当伤害对象的社会距离接近好朋友时，这种效应减弱（黄静等，2011）。关于农民工身份认同的研究表明，居住空间和社会距离同时对农民工身份认同产生影响，具体地，拥有住房产权的农民工更加认同自己城市居民身份或者"本地人"身份，居住的区位越靠近城市市区的农民工越认同自己"本地人"身份，与居住形式为农民工聚居的情况相比，在居住形式为与本地人混合居住且以本地人为主的情况下，农民工更容易形成身份认同，即社会距离会减弱农民工对本地人的身份认同，并且社会距离能够调节居住空间对农民工身份认同的影响（徐延辉和邱啸，2017）。此外，李婷婷等（2016）研究表明，农户与农资零售商的社会距离和空间距离能够交互形成二维象限结构的购买情境，在每个象限所映射的情境中，农户对农资品牌和农资零售商会表现出具有显著差异性的初始信任、持续信任和延伸信任。

　　心理距离与解释水平之间的关系也较为密切，大量研究表明，事件发生或客体存在的心理距离通过调整个体的解释水平思维进一步参与进个体的具体认知和判断决策当中（Bar-Anan et al.，2006；Liberman et al.，2007）。通常情况下，心理距离较远的事件或客体容易启发个体高解释水平的思维，表现为一般化的、抽象的和整体的心理表征，心理距离较近的事件或客体容易启发个体低解释水平的思维，表现为特殊化的、具体的、局部的心理表征（Bar-Anan et al.，2006）。这种效应的发生在心理距离的各个维度上均有体现。提供与消费者心理距离相匹配的解释水平的产品信息可以增强说服效果和消费者购买意愿（Lee et al.，2010；Lu et al.，2013）。例如，在检验时间距离对个体决策的影响时，超普和利柏曼（Trope and Liberman，2000）的研究表明，人们在为近期决策（时间距离近）做选择时，更加偏好在与目标无关的功能上领先的选项（与低解释水平相关）；而在为未来远期决策（时间距离远）作选择时，更加偏好与目标相关的功能上领先的选项（与高解释水平相关）。

2.5 居住流动性相关研究

2.5.1 居住流动性的概念与辨析

居住流动性（residential mobility）已经成为社会发展当中现代化与全球化的一个基本特征（Oishi et al.，2013）。人们必须探索、承诺并重新考虑他们的居住选择，尤其是在发展转型时期。一方面，流动性创造了许多机会，尤其是在教育和工作领域：伴随中国快速城镇化和现代化进程、户籍管理制度的完善、户口地域限制的松绑，传统上"安土重迁"的人地依附理念逐渐消退，通过地域迁移获取更丰富的教育、就业、医疗等资源成为新时代的潮流（戴逸茹和李岩梅，2018）。另一方面，流动性体验也带来许多不确定性：居住流动既体现在时间和地点的流动上，也导致关系的流动，在个体层面上对于建立亲密关系、抚养孩子或者从事休闲活动等带来障碍，在群体层面上对于资源紧张、社会竞争加剧、经济发展不平衡等产生挑战。因此，对于居住流动性的深入研究具有面向新时代人民生活需求的重要意义。

居住流动定义为应对就业、教育、就医等缘故而搬迁到新住所或地方的活动，在原居住地和新居住地的空间变化中，居住流动既体现了物理空间的转变，又在无形中改变了个体的人际关系状态和社会网络结构（Oishi，2010）。在宏观层面上，居住流动性可以被界定为"在特定时期，特定社区、城市、州或国家的居民进行迁移的比例或预期迁移比例"（Oishi，2010）；在微观层面上，居住流动性被定义为"个人在特定时间段内经历的居住流动频率，或者个体预期未来的居住流动频率"（Oishi，2010）。由于涉及个体社交关系网络的变化，居住流动性与"关系流动性（relational mobility）"在概念上具有一些相似性。关系流动性被界定为在所属的社会环境下，人们建立新的人际关系、结束旧的人际关系的难易程度（Yuki et al.，2007）。居住流动性和关系流动性都引起了个体社会关系和社会网络结构的改变，强调个体所处的周围环境的状况，并且都会影响个体的心理和行为过程（Falk et al.，2009；Leung et al.，2008；Koo et al.，2016；文植等，2019；陶雪婷，2020；施婷等，2021），但是二者仍然存在内涵上的差异，其差异性主要体现在空间结构上的含义不一致，具体表述为——个体在关系流动中对原有的社会网络结构的改变出于自身主观意愿的驱使，并不需要搬离原有居住地，而居住流动一定伴随着居住地在物理空间上的变化。此外，关系流动形成的社交网络重建是个体自愿的行为结果，而居住流动形成的新社交网络既可能是自愿也可能是被动形成的（陈满琪，2018）。因此，居住流动性与关系流动性这两个概念的本质并不相同，而本书关注的是地缘关系视角下的个体居住流动经历对消费行为的影响。

2.5.2 居住流动性对消费者心理和行为的影响

居住地的流动使人从空间结构和社会网络结构层面经历了熟悉到陌生的变化，个体不仅面临着对物理环境的再适应，还会遭遇社会关系的显著变化，个体获得的社会支持和拥有的社会身份减少，社会环境依赖减弱，进而在情感、动机与认知上发生深刻改变（戴逸茹和李岩梅，2018）。

首先，居住流动性会影响个体的自我意识。因为居住地的迁移会改变个体的社会关系与地域身份，人们难以用特定的社会关系或团体成员来概括自己的社会身份，而倾向于使用较为独特的个人能力来界定自我（Oishi et al.，2007；Oishi，2010）。研究显示，人们在人际互动中感受到个体自我比较凸显时，经常搬家的人会感到更愉悦；在感受到集体自我比较凸显时，从未流动的人会感到更愉悦（Oishi et al.，2007；Talhelm and Oishi，2014）。进一步，居住流动性会影响个体的地域身份建构的广度。一个人可能拥有多个社会身份，每个社会身份都可以在更广泛的层面上或者更狭窄的层面上进行情境激活（Ding et al.，2017）。广泛的社会身份定义为更具包容性的群体成员，该群体结合了异质性特征并关注多个子群体之间的相似性；相比之下，狭义的社会身份定义为更具排他性的子群体成员，该群体将个人限制在特定领域，并将注意力集中在子群体之间的差异上（Ding et al.，2017）。在传统社会中，个体活动的地理范围有限，他们的本地认同较为突出，但是随着人口迁移活动的日益频繁，人们的地域身份建构也逐渐泛化和延展化（Baumeister，1996）。例如，大部分长期稳定居住在波士顿的居民将自己定义为波士顿人；而居住流动性较高的居民则更可能将自己认定为美国公民，甚或全球公民（Gustafson，2009；Wang et al.，2020）。

其次，居住流动性还能够增强个体的开放性、创造性、调节定向等认知特征。已有研究发现，拥有移民经历或跨文化居住经验的学生表现出更高水平的创造力（Simonton and Ting，2010；邓小晴，2014）。在流动性更高的城市中生活的居民具备更加开放和好奇的人格特质（Park and Peterson，2010）。从文化混搭的视角来看，长期生长在单一文化背景中的人们更容易受到本土文化中常识和规范的约束，但是当个体增加与不同文化的接触时，他们能够获得多元的概念和价值时，进而能够通过混搭多元文化元素来拓展原本的认知思路和吸收多样化的思想，从而在解决问题时提出更具创造性的解决方法（Leung et al.，2008；陶雪婷，2020）。有关群际接触的文献也表明，群际接触能够减少个体的种族中心主义和内群体偏爱，并且增强对其他群体的开放性和积极态度（Nesdale and Todd，2000）。柳武妹等（2022）指出主动的和向上的居住流动性会导致消费者分别采取促进型反应策略，而被动的和向下的居住流动性会导致消费者采取预防型反应策略。

近年来有关居住流动性对消费心理和行为的影响的研究也越发丰富。居住流动性会影响个体的消费模式与偏好。高居住流动性不仅会增加人们对与搬家相关的物品和服务的消费，还会提升人们在娱乐、饮食（李明和刘维，2017）以及非耐用品（Chen et al.，2015）上的消费。同时，高居住流动性会让消费者感到焦虑和不确定，为了获取更多的个人控制感，流动的消费者更偏好熟悉的和怀旧的产品和服务（Oishi et al.，2012；何柳，2020），并且居住流动性高的消费者更不愿意分享语言极端的信息（施婷等，2021）。然而，居住流动性对独特性的影响存在不同的观点，一方面，搬到另一个城市或城镇的居住流动性会导致现有的社交网络和归属关系发生重大变化，从而需要重新获得对新社区的归属感，则对社会整合的需求可能会增加，而脱颖而出的愿望可能会减少；另一方面，居民流动性可以通过增强个人自我意识来提高对独特性的需求（Koo et al.，2016）。而敏京等（Minkyung et al.，2016）研究表明，居住流动性高的消费者更偏好独特的象征性产品。此外，在新产品接纳研究领域，现有研究发现，相比于居住稳定的消费者，居住流动的消费者在实验室环境和实际商业环境中都增加了新产品的采用，而这种影响是由对新体验的开放性驱动的，并由搬家的自愿性调节（Zeng et al.，2023）。

2.6 既有相关研究述评

（1）从上述消费者偏好视角的农产品地理标志品牌消费行为的研究回顾来看，国内外学术界已经积累了一定厚度的理论研究成果。既有文献主要依据信号理论、线索利用理论与社会认同理论等，围绕原产地认知线索、产品根脉特征和消费者特质等因素进行了研究。横向对比来看，我国地理标志制度的确立相对西方稍晚一步，所以国内在农产品地理标志品牌消费行为领域的研究也相对缓慢，研究成果相对较少，品牌价值挖掘尚浅，虽有部分文献对农产品地理标志品牌内涵、影响因素进行了比较深入的探索性研究，但仍然存在许多值得进一步探析的问题。

第一，既有文献对农产品地理标志品牌价值认知情境的地缘关系异质性研究不足。地理标志品牌独特的地理属性会引发消费者心理距离感知的差异，这种差异是否以及如何影响他们对品牌价值的认知？现有研究对此关注不够。尽管有研究分析了内外群体对地理标志的偏好与支付意愿的差异，并从理论上分析了这一差异存在的一些内在原因（Van der Lans et al.，2001；Loureiro et al.，2007；Panzone et al.，2016），但仍然缺乏系统的实证研究。此外，能否及如何激发外群体对农产品地理标志品牌的价值感知？目前缺少对这一问题深入探析的研究，而这恰恰是促进地理标志产业发展的关键点和更大意义所在。

第二，既有文献缺乏从地方情感视角讨论农产品地理标志品牌价值形成与实现机理的系统研究。农产品地理标志品牌包容了自然生态与人文历史、贯穿了传统工艺与现代技术，是与特定区域人文历史和自然环境密切相连的乡土符号。在快速城市化和现代化的背景下，地理标志农产品能够为忙碌的现代人提供一份扎根乡土的情感体验与乡愁寄托。因此，如何激发农产品地理标志品牌在不同地域群体成员消费者当中的扎根感，对于实现农产品地理标志品牌的价值拓展和市场容量扩张具有重要作用。

第三，既有研究对消费者与农产品地理标志品牌之间的地缘关系的分析不够深入。尽管已有研究分析了内外群体成员身份对地理标志品牌的偏好差异（Panzone et al.，2016；Zhang et al.，2022），但未考虑地缘关系的丰富性。现代社会是流动的社会，人们与地域的互动关系丰富而复杂，那么这一社会现象对农产品地理标志品牌消费行为的冲击如何，消费者与品牌的地缘关系叙事如何开展？对这些问题的探究还存在一定空缺。实际上，消费者使用他们购买的产品来定义和传达他们的个人和社会身份（Hogg et al.，2000）。但在流动社会当中，人们原始的本土身份建构逐渐瓦解，个体不再仅仅凭借地缘和场域塑造出来的共同体进行意义交换、经验共享和文化共生，而逐渐产生对脱域共同体的认同感（肖珺，2016），这意味着流动的消费者的地域身份模糊化为重新塑造消费者新的地方认同带来了机会。那么在充分发掘农产品地理标志品牌文化传统、传播农产品地理标志品牌文脉的同时，能否在当地居民、旅居者、流动的消费者等各类品牌信息接受者中，建立身份认同，激发消费者对特定品牌的依赖与归属感，进而促进消费者文化认同？以上问题的研究将有助于推动农产品地理标志品牌在新时代的保护和发展。

作为国家"质量兴农、品牌强农"战略的主要内容，地理标志与有机、绿色等标识相比，特色明显。它的核心特征体现为农产品品质和信誉与产地自然和人文因素的关联性（王笑冰，2015）。这种关联性涵盖了区域内独特的历史文化传承和自然资源禀赋，使得农产品地理标志成为一种特殊的乡土符号，并且以农产品为载体承载了人们对特定区域的整体形象认知和情感融入。因此，农产品地理标志品牌不仅带来独特的产品功能价值，还能够满足人们在当下社会流动和现代化进程中对乡土气息和地域空间的归属感，值得未来研究细致发掘其品牌价值和消费偏好的驱动机理。

（2）从上述心理距离消费行为的研究回顾来看，心理距离的相关研究最初聚焦于单个维度的心理距离对个体判断决策的影响，后来揭示了心理距离在不同维度之内的相互转化，并且从系统的心理距离框架的视角分析了多个维度的心理距离对个体认知判断与决策的综合影响。在此基础上，大量研究也将心理距离框架引入消费行为的研究领域并作出了不同尝试，但是仍然缺少在心理距离框架下讨论消费者对地理品牌偏好的研究。尽管部分研究比较了消费者对本地产品与外地产品的偏好差异，或者品牌对本地人与外地人的吸引力差异（Panzone et al.，2016；Sicht-mann et al.，2019；Liu et al.，2020），但是这些研究未从社会距离与空间距离上区分消费者与品牌的地缘关系内涵，而是采用"本地"与"外地"概念笼统地概括人与品牌的地缘关系。而且，众多研究运用心理距离和解释水平之间的对应关系来解释或预测个体对某一事物或事件的知觉感受与行为决策，尚且缺乏相关研究深度探讨心理距离与群体边界之间的关系。

（3）从上述居住流动性消费行为的研究回顾来看，以往研究已经阐述了一些居住流动性与消费者行为的相关问题，但较少研究会关注到居住流动性对地理品牌消费行为的作用关系。由于农产品地理标志品牌与居住流动性都与地理位置紧密相关，居住流动性所带来的人地关系变化如何影响人们对农产品地理标志的品牌偏好？是否产生差异？如果存在差异，其内在机理和作用边界分别是什么？对这些问题的探析能够为农产品地理标志品牌建设提供理论指导。

CHAPTER
THREE

第3章

理论基础与分析框架

3.1 相关概念界定

3.1.1 农产品地理标志

遵循《农产品地理标志管理办法》对农产品地理标志的概念界定，农产品地理标志是指标示农产品来源于特定地域，产品品质和相关特征主要取决于自然生态环境和历史人文因素，并以地域名称冠名的特有农产品标志。如"秭归脐橙""梁子湖大河蟹""房县黑木耳"等。本质上，它是一种特殊的知识产权，传达了产品的质量信号，可以减少买卖双方信息的不对称（鲁钊阳，2019）。

3.1.2 品牌偏好

消费者的品牌偏好（brand preference）是指消费者对于特定品牌产品或者服务的喜爱程度（张修志和黄立平，2007），可以显著预测消费者的实际消费决策和购买行为（吴春雅等，2019），也是促进消费者对品牌忠诚的前提条件（马鸿飞，2008）。在消费者行为研究中，学者采用了不同方式来测量消费者的品牌偏好，例如品牌评价（Torelli et al.，2017；Ng et al.，2020）、购买意愿（Yoo and Donthu，2001；徐岚等，2020）、口碑传播意愿或者推荐意愿（神铭钰等，2021）等。基于此，本书的第5章和第7章的实证研究采用了购买意愿来测量消费者偏好，第6章的三项实验综合采用了品牌评价、购买意愿和推荐意愿来测量消费者偏好。

3.1.3 地域群体身份

群体身份可以划分为内群体身份与外群体身份，这种划分方式来源于社会认同。社会认同（social identity）是个体自我概念的一部分，指个体承认自己归属于某个社会群体以及作为该群体成员给他（或她）带来的情感和价值意义（Tajfel，1978），是对我或者我们是谁、我或者我们在哪里的反思性理解。个体通过自我分类，将他人划分为内群体和外群体（李颖灏和朱立，2013）。内群体与外群体反映了社会距离的远近，即个体以自我为参照所感知到的与社会客体之间的亲密疏远程度（Fujita et al.，2006）。

地域是人们进行自我分类的常见的参照标准，与生俱来的籍贯将会赋予人们地方认同的终身底色，并且个体的家乡身份不因空间位置变化而改变。基于此，地域群体身份是指按照人们的来源地或籍贯的一致性而划分的家乡群体身份和非家乡群体身份。本书将农产品地理标志品牌模拟为社会客体，依据消费者和农产品地理标志品牌的地缘关系将消费者地域群体身份划分为"家乡群体成员"与"非家乡群体成员"。家乡群体指籍贯与农产品地理标志品牌来源地相一致的消费者群体，即家乡群体；非家乡群体指籍贯并非农产品地理标志品牌来源地的消费者群体，即他乡群体。与此同时，地缘关系形成的差序格局是像水波纹一样由内向外、越推越远、越推越薄且能放能收、能伸能缩的社会格局（费孝通，1998），所以在家乡群体（家乡群体）和他乡群体（非家乡群体）之间还存在着近乡群体。近乡群体特别指代那些籍贯与农产品地理标志品牌来源地在地理上相邻的消费者群体。

3.1.4 地方认同

地方认同（place identity）是环境心理学领域研究人与地方关系的一个重要概念，它指消费者尊重当地传统和文化，并且认同当地人的心理联想（Gao et al. , 2017），包含了人对地方的情感认可及肯定（戴光全和肖璐，2012）。普罗夏斯基（Proshansky, 1978）将地方认同定义为人们在意识和无意识中存在的想法、信念、偏好、情感、价值观、目标、行为倾向等通过复杂的交互作用而形成的与物理环境有关的个人认同，即"客观世界社会化的自我"。地方认同既指代个体进行自我分类的认知结构，又包含人对地方的归属感等情感联结和意义（庄春萍和张建新，2011）。

3.1.5 内群体边界扩展

本书基于消费者和农产品地理标志品牌的地缘关系划分了内外群体，内群体又指代家乡群体。与此同时，本书从动态视角解析家乡概念，指出消费者对家乡尺度的定义会根据情境进行变化，所以内群体边界扩展是指在一定情境下，消费者对家乡内群体边界的界定进行了扩大，基于地理与文化的近似性将近乡（群体）囊括进家乡（群体）边界里面。

3.2 相关理论基础

3.2.1 社会认同理论

社会认同是指个体承认自己归属于某个社会群体以及作为该群体成员给他（或她）带来的情感和价值意义（Tajfel，1978）。社会认同在概念上融合了认知、评价和情感三个维度。其中，认知维度是指个体将个人识别为某个群体成员的身份意识，意味着自我分类；评价维度是指个体对这一群体成员身份所持有的正面评价或负面评价，意味着群体自尊；情感维度是指个体对该群体以及该群体的其他成员所滋生的感情，意味着归属感（Ellemers et al.，1999）。

社会认同理论（social identity theory）认为，社会认同的形成需要建立在社会分类、社会比较和积极区分三类原则之上（张莹瑞和佐斌，2006）。个体通过自我分类和群体间比较的方式区分内外群体，并且对内外群体产生不一致的认知、态度与行为反应。在认知方面，人们习惯于将内群体的特征赋予自我身上，并且在特定维度上放大群际差异；在态度方面，人们往往给予内群体成员更正面的评价并且产生更高水平的信任度，但对外群体成员产生更为负面和更有敌意的态度和判断；在行为方面，人们对内群体成员表现出更多的亲社会行为，为内群体成员提供更多资源和帮助，但对外群体成员却表现出更多的歧视和贬损（Turner et al.，1987；Mackie et al.，2000；Leach et al.，2007）。造成这种内群体偏爱效应和外群体偏见效应的动因在于个体的自利主义倾向，个体对内群体的积极认同能够提升对自我的积极感知，而对外群体的贬低和歧视可以维护内群体身份的比较优势，培养和提升个体自尊（Hewstone et al.，

2002）。最简群体范式指出，即使面对细微的、人为操纵的界限划分，内群体偏爱效应也会悄然发生；即使是简单的对外群体身份的察觉，这种身份意识也能够激活外群体歧视效应（Tajfel，1970）。研究认为，内外群体偏差效应的产生与社会距离有关，内群体与个体的社会距离感知更近，外群体与个体的社会距离感知更远（Buchan et al.，2002）。

社会认同在消费者行为中发挥着重要作用。人们通过消费方式来传达自己的社会身份，表达自己与他人或群体之间的一致性或差异性，这种现象被称为消费认同（李颖灏和朱立，2013）。消费者主观的自我定义和与品牌所表达的身份地位之间的相关性是消费者形成自我—品牌联结的动力（Escalas and Bettman，2005）。消费者对品牌所传达的群体身份的认同感能够提高品牌认同度和品牌购买意愿（Bagozzi et al.，2006）。相比于表征外群体身份的品牌，消费者会给予那些标识着内群体身份的品牌更为良好的品牌评价（White and Dahl，2006；2007）。但是，社会认同在个体消费决策当中的作用发挥需要满足一定的前提条件，即社会群体身份的可及性和可诊断性。可及性是指某一社会群体成员身份在自我意识中可被提取或者被知觉到的程度（Forehand et al.，2002）；可诊断性是指与消费者相关的社会群体成员身份及其行为特征在认知结构中可被识别或者被鉴定的程度（Reed and Forehand，2003）。首先，作为复杂社会关系当中的成员，人们拥有多重社会身份（如妈妈、女儿、病人、足球运动员等），但这些身份并不是随时都是显著的，而是受到个人所处的环境要素的影响，在某些情境下某一群体成员身份会变得更为显著，该群体成员身份就会得到激活和强化（如在足球场感觉自己是运动员，在医院感觉自己是病人），人们的行为方式也将主要受到激活和强化后的社会身份的驱使（Markus and Kunda，1986）。其次，社会身份也会随着自我重要性的变化而发生改变（Reed，2004），具体而言，相比起自我重要性较小的身份，自我重要性更大的那些身份在更大程度上决定个体的自我概念，并且塑造个体的行为方式（Aquino and Reed，2002）。此外，社会认同对消费行为的影响还会受到个人特质（自我监控、自我概念、对社会比较信息的关注度、自信心、遵从动机）、群体属性（群体规范、群体可靠性、群体互动、群体结构）、品牌因素（品牌类型、品牌可见度、品牌象征性、品牌独特性）、环境特性（环境差异性、特定情景暗示）等方面的调节（Bearden et al.，1990；Bearden et al.，1989；Lord et al.，2001；Osterhus，1997；Fisher and Price，1992；Bearden and Etzel，1982；Wooten，1995）。

3.2.2　地方认同理论

地方认同是环境心理学领域的一个重要概念，表征的是人与地方的联系。地方被视为个人认同的基础组成成分，是自我认知与情感的一部分，混合了个人和社会的意义在其中（Lalli，1992）。很多研究者从不同角度试图去界定地方认同的概念。最早由普罗夏斯基（Proshansky，1978）勾勒出地方认同这个概念，他将地方认同界定为人们在意识和无意识中存在的想法、信念、偏好、情感、价值观、目标、行为倾向等通过复杂的交互作用而形成的与物理环境有关的个人认同，即"客观世界社会化的自我"，具有再认、意义构建、需求表达、调解改变和焦虑防御五个功能。柯贝拉（Korpela，1989）则将地方认同定义为，个体受自我功能原则的影响，所采取的主动的、与环境相关的自我调节的产物。在这个适应环境的自我调节过程中，个体期望实现自我价值、自我一致性和自我表达等目标（Korpela，1989）。布雷克韦尔（Breakwell，1992）进一步从自我概念与实体环境的呈现方式出发，从自我效能、独特性、自尊、连续性四个维度来解释地方认同。博纳和塞克齐亚洛里（Bonnes and Secchiaroli，1995）将地方认同范式归纳为一种工具，用于讨论个人使用物理环境来建立或维持其自我身份的方式。罗森鲍姆和蒙托亚（Rosen-baum and Montoya，2007）认为，地点认同是指消费者的自我认同与地点之间的一致性。以上这些对地方认同的阐述表明地方认同兼具认知与情感意义，并对人们的认知判断、情绪表达和行为响应等方面施加影响。

在以往研究中，地方认同的对象一般为旅游地、城市空间或者历史古镇等地理指代，地方认同的主体则涵盖了居民、游客、旅游地居民、旅游管理者等多个角度的群体指代（钟赛香等，2018）。国内外研究表明，地方认同受到个体特征、客观环境、人际关系，以及地方等因素的综合影响。一般而言，出生在本地的居民因为与所在地具有更强的社会联系，所以萌生出更高的地方认同感，即原住民对居住地的地方认同程度要普遍高于非原住民，并且认同强度与居住时间之间并不存在明显的相关性（Hernández et al.，2007；Nielsen-Pincus et al.，2010；黄飞等，2016）。一些研究也表明，因为人们与一个地方的长期互动体验能够促进个人发展与当地群体的社会关系，并且实际的近距离体验使人们更容易记住发生在当地的事情，所以长期居住能够增强地方认同感（Tuan，1977；Fleury-Bahi et al.，2008）。虽然地方认同会随着人们对地方的情感倾注愈加深厚，但这种心理上的情感倾注并非一成不变（Giuliani and Feldman，1993）。当个体所处社会环境发生变化时，地方认同也会发生系统性改变。狄克逊和涂尔干（Dixon and Durrheim，2004）的研究指出，人们在迁离住所时往往会感受到个人和地方之间的关系维系存在潜在的威胁，所以搬迁会使地方认同感变得更为强烈。萨克（Sack，1997）将地方概念化为社会模式的空间具体化，因此地方这个概念兼具物理属性与文化属性，并形成了代表地方属性的独特文化，而地方之间的文化差异性也在一定程度上参与进地方认同的塑造。此外，地方认同的形成还取决于物理环境特征。戈斯波丁（Gospodini，2004）提出，城市空间设计的创新性能够增加居民的城市认同感。从地方联结的视角来看，个体也能够与未曾踏足过的地方建立起一定的情感联结（Farnum et al.，2005；Burley，2007），地方本身蕴含的独特的历史文化与象征性意义能够联结消费者情感（Blake，2002），人们通过二手资料等间接渠道快速获得世界各地的信息来源后就能够了解并将其情感注入某个地方（Beckley et al.，2007）。

在旅游管理领域中，地方认同一般是指在游览过程中的旅游者对旅游地所产生的心理依恋和情感归属（Proshansky，1978）。研究发现，旅游地品牌个性（张春晖和白凯，2011）、节庆满意度（Lee et al.，2012）和标识牌解说效度（潘植强和梁保尔，2016）等均能够作用于地方认同来增强游客对旅游地或城市空间的地方忠诚度。而且，地方认同能够增强居民对自然保护区或者历史古镇的资源保护态度（Carrus et al.，2005；唐文跃等，2008）。此外，积极的地方认同还能够提升居民的居住满意度（Fleury-Bahi et al.，2008）。

在消费领域中，钱树伟等（2010）研究发现，地方认同是旅游地的消费动力，能够正向预测旅游者对历史街区的购物行为。而罗森鲍姆和蒙托亚（Rosenbaum and Montoya，2007）开展的有关服务人员种族结构的研究发现，少数民族消费者通过衡量自身对消费环境的地方认同来作出对消费场景的选择。

3.2.3　解释水平理论

解释水平理论（construal level theory，CLT）是一种心理具征（embodied cognition）理论，当前在个体思维调整、记忆认知、购买行为决策、组织成员管理和公共政策分析等众多细分领域中积累了较为扎实的理论研究和较为普遍的实践运用。解释水平理论的最初构建伴随着时间解释水平的概念发展。时间解释水平理论（temporal construal theory）认为，个体感知事件发生的时间点距离现在这个时间点的远近会影响个体对相关事件或其他事件的解释水平和进一步的行为响应（Liberman and Trope，2003）。后来，利柏曼等（Liberman et al.，2007）采用心理距离这个概念来概括时间距离、空间距离、社会距离和真实性距离等不同维度，并将它们与解释水平的对应关系发展成为解释水平理论。

解释水平理论认为，事物信息可以解释为抽象的、统领的或者具体的、细分的（Trope and Liberman，2003）。信息的高水平解释表现为总括的和脱离语境的心理表征，反映了对行为和事件的更一般的理解。相反，信息的低水平解释表现为从属的和情境化的心理表征，并反映了动作和事件的细枝末节。例如，锁门的相同动作可以被认为是"保护房屋（高解释水平）"，也可被联想为"将钥匙放入锁内并转动钥匙（低解释水平）"，猫可以被描述为"猫科动物（高解释水平）"也可被形容为"黑白花纹宠物狸花猫（低解释水平）"。因此，低级别的心理表征往往更复杂，更少示意，更详细，而高级表征则更简单，更原始，更典型（Fiske and Taylor，1991）。解释水平理论提出，具有高解释水平的人倾向于关注对行动或事件具有重要意义的目标及相关特征。相比之下，具有低级别解释的人倾向于关注与目标无关痛痒的特征，例如对实现目标相对次要的、偶然的特征（Trope and Liberman，2003）。

依据解释水平理论，个体知觉到的事件发生或客体存在的心理距离能够调节自身的解释水平，从而参与进个体的知觉判断或者行为决策响应过程中（Trope and Liberman，2003；Liberman et al.，2007）。具体而言，心理距离较远的事件或客体常常会启发或激活个体的高解释水平思维，从而使得个体采取抽象的心理表征（Bar-Anan et al.，2006），此时人们会更加关注事物合意的、整体的、统领的和抽象的信息（Trope et al.，2007；Trope and Liberman，2010）；心理距离较近的事件或客体常常会启发或激活个体的低解释水平思维，从而使得个体采取具象的心理表征

（Bar-Anan et al.，2006），此时人们会更加关注事物可行的、局部的、下属的和具象的信息（Trope et al.，2007；Trope and Liberman，2010）。以上心理距离与解释水平的对应关系可以表现在不同维度的心理距离上。例如，在检验社会距离对个人认知与行为的影响时，研究发现，个体在表征自我、亲密朋友或与自己相似的个体的行为时会启动低解释水平，即个体在感知社会距离近的情况下，对客体的思考方式和对事件的行为方式会更具情境性、强调差异性、局部性和具体特征；而个体在表征对他人、陌生人或与自己不相似的个体的行为时会启动高解释水平，即个体在感知社会距离远的情况下，对客体的思考方式和对事件的行为方式会更具一般性、强调相似性、整体性和抽象特征（Liberman et al.，2007；Kim et al.，2008）。

3.2.4　相关理论对本书的借鉴

地域是人们进行自我分类的常见的参照标准，与生俱来的籍贯将会赋予人们地方认同的终身底色。基于此，本书将农产品地理标志品牌模拟为社会客体，依据消费者和农产品地理标志品牌的地缘关系将消费者按地域群体身份划分为家乡群体成员与非家乡群体成员。同时，社会认同理论提出的内外群体偏差效应表明，人们普遍偏爱内群体成员，贬低和歧视外群体成员（Turner et al.，1987；Mackie et al.，2000；Leach et al.，2007）。那么这一效应也可能存在于农产品地理标志品牌的消费行为当中，即消费者的地域群体身份会影响对农产品地理标志的品牌偏好。如果这一效应存在，如何扩展农产品地理标志品牌的内群体，又如何吸引农产品地理标志品牌的外群体？本书通过梳理社会认同理论和地方认同理论，为探究消费者对家乡与他乡农产品地理标志品牌偏好的影响及内在机理提供了一定的理论支撑。

根据解释水平理论，心理距离的远近会使消费者对事物形成不同解释水平的心理表征（Trope and Liberman，2003；Liberman et al.，2007）。联系当前社会人口频繁流动的现状，消费者离家空间距离越远越可能从高解释水平界定家乡概念，进而可能影响个体对家乡内群体边界的界定，以及对近乡（在地理上与家乡邻近的地区）的心理认知。由此，本书进一步明确了研究框架，将消费者与农产品地理标志品牌的地缘关系划分为家乡、近乡与他乡，首先，探讨农产品地理标志品牌偏好的内外群体偏差效应及家乡品牌偏好的形成机理，其次，再分别探讨消费者对近乡和他乡农产品地理标志的品牌偏好驱动机理，最后，为农产品地理标志品牌建设和市场容量扩展路径等提出管理启示。

3.3　基于地缘关系视角的理论分析框架

农产品地理标志品牌的核心特征体现为产品品质和信誉与品牌产地的关联性（王笑冰，2015），同时，与生俱来的地域群体身份是消费者群体认同的重要内容，因此，消费者与地理标志品牌原产地之间的地缘关系是研究农产品地理标志品牌消费行为的一个关键视角。地缘关系是指"由于长期居住在一起、共同生产和生活而形成的社会关系"（奚从清，2012），中国特有的非正式制度"老乡关系"与"邻里关系"等均被称为地缘关系。从传统中国社会以来，地缘关系一直是构成组织化的重要影响机制，人们以家为中心形成的地缘关系是建构群体身份、寻求情感归属、获取内部认同的重要载体（崔月琴和张冠，2014）。"生于斯，长于斯"的人地依附理念固定了人和地方的因缘。费孝通（1998）指出，地缘关系形成的差序格局是以自己为中心像水波纹一样推开，越推越远、越推越薄且能放能收、能伸能缩的社会格局。地缘关系具有社会属性和空间属性两层含义：一层是以自我或家为中心与社会客体形成的社会距离；另一层是以自我或家为中心与社会客体形成的空间距离。

农产品地理标志品牌作为一种特殊的地域符号，既能够与消费者形成地理上的联结，也能够形成心理上的联结。消费者与农产品地理标志品牌之间的地缘关系也具有两层意义上的表达：一方面，在社会含义上，消费者与生俱来的籍贯赋予他们先天性的地域群体身份，进而与农产品地理标志品牌形成稳定的地缘上的社会距离，是不会因居住地的改变而改变的；另一方面，在空间含义上，消费者所处地理位置还与农产品地理标志品牌形成具有动态性的空间距离，是会随人口流动而不断变化的。

在这两层含义的基础之上，本书首先对社会距离视角的地缘关系概念进行分类：地缘关系体现了群体在地域建构方面的社会认同，所以依据消费者籍贯与品牌来源地的一致性，将消费者群体划分为品牌的"家乡群体"和"非家乡群体"，即"地域内群体"和"地域外群体"，与此同时，地缘关系呈现从近到远、能伸能缩的差序变化，因此在家乡群体与非家乡群体之间还存在地域上相近的群体，本书将其界定为"近乡群体"，进而将消费者与农产品地理标志品牌之间的地缘关系由近及远划分为"家乡""近乡""他乡"三个层次的相对关系，从而勾勒了本书的总体研究框架，即分别探讨消费者对"家乡""近乡""他乡"农产品地理标志品牌偏好的驱动机理；其次，基于消费者的地域流动性这一现实背景，再对地缘关系概念的空间意义进行解析，探析人口流动因素形成的多样化的人与地方之间的互动关系对地域身份认同的再塑造，呈现了地缘关系内涵中空间距离对社会距离效应的影响，充实了本书的具体理论逻辑。因此，本书本质上是将地缘关系纳入心理距离框架开展的研究，研究内容既有纵向的层次感，也有横向的拓展感。

从章节的具体分布来看，首先，第5章依据社会认同理论和地方认同理论，基于地缘关系的社会距离维度，将消费者划分为品牌的家乡群体和非家乡群体，通过检验消费者地域群体身份对农产品地理标志品牌偏好的影响以及地方认同的中介作用，一方面揭示了消费者对"家乡"农产品地理标志品牌偏好的形成机理，突出了地方认同的中介作用；另一方面阐述了农产品地理标志品牌偏好的内外群体偏差效应，为后续"近乡"与"他乡"品牌的消费研究奠定了基础。其次，第5章还引入消费者与品牌的空间位置关系作为调节变量，从心理距离框架视角揭示了消费者与品牌的空间距离对社会距离效应的影响，从而充实了内外群体偏差效应的调节机理。再其次，第6章依据社会认同理论和解释水平理论，从个体地域流动视角抓取消费者与家乡的空间距离作为自变量，检验消费者离家空间距离对内群体边界扩展和"近乡"农产品地理标志品牌偏好的影响，这是在第5章的基础上探寻拓展家乡尺度的理论可能性。最后，第7章依据社会认同理论和地方认同理论，从个体地域流动视角抓取消费者与家乡的空间分离经历作为自变量，检验消费者居住流动性对他乡地方认同和"他乡"农产品地理标志品牌偏好的影响，这是在第5章和第6章的基础上探寻拓展群际开放性的理论创新。

以上三个实证研究的理论分析整体框架如图3-1所示。

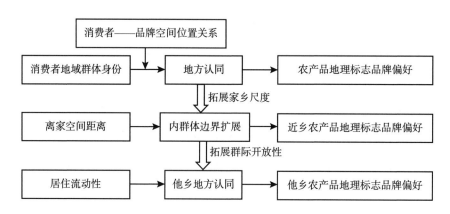

图3-1　地缘关系视角的理论分析框架
资料来源：笔者整理绘制。

CHAPTER
FOUR

第 **4** 章

农产品地理标志的发展状况

4.1 地理标志的起源和本土化发展

地理标志是知识产权保护的一个重要领域，在世界范围内，保护地理标志这一说法最早出现在 14 世纪的法国——1935 年开始，法国陆续建立了世界上最早的葡萄酒产地保护体系。之后在 1883 年，欧洲多国签订了《保护工业产权巴黎公约》（以下简称《巴黎公约》），开始把"原产地名称或原产地理标志"和其他知识产权并列编撰进法律法规。因此，欧洲的地理标志保护制度在世界上是相对完善和健全的。此后，《马德里协定》《里斯本协定》《与贸易有关的知识产权协定》对地理标志也作了专门的规定和保护。其中，世界贸易组织在其 1994 年制定的《与贸易有关的知识产权协定》（以下简称知识产权协定）中首次提出了地理标志（geographical indications，GI）的定义——地理标识，是指识别一货物来源于一成员领土或该领土内一地区或地方的标识，该货物的特定质量、声誉或其他特性主要归因于其地理来源。知识产权协定对地理标志的法律特征、构成要素等都提出了明确的要求，明确了国际保护义务、保护标准和多边注册保护体系，现如今也被世界上大多数国家立法所采纳。

地理标志的名称、标识、注册要求和保护制度在各国的实际应用中存在差异，而在全世界影响较为广泛的地理标志保护体系来源于欧盟。欧盟将地理标志的等级划分为两类：受保护的原产地名称（protected designation of origin，PDO）和受保护的地理标志（protected geographical indication，PGI）。受保护的原产地名称（PDO）标识某产品产自某一特定地方、区域或国家，且产品的品质或其他特征主要归因于该特定地理区域的环境，产品生产、加工或准备的某一阶段发生在该特定的地理区域。而受保护的地理标志（PGI）标识某产品产自某一特定地方、区域或国家，且产品的品质或其他特征主要归因于该特定地理区域的环境；且产品的全部生产、加工和准备阶段发生在该特定的地理区域。

中国对地理标志的保护起源于1985年，我国正式加入《巴黎公约》，作为成员国之一，须依照国际公约规定的方式对"原产地名称"进行保护。原产地名称是一种特殊的地理标志，是指表明一项产品的原产地的国家、地区或特定地方的地理名称。但此时，我国并没有及时形成地理标志申报、监管和保护的完整体系。1994年，我国出台了《集体商标、证明商标注册和管理办法》，首次以集体商标或证明商标的方式来保护和管理地理标志。2001年，我国随着加入世界贸易组织的步伐，重新修正了《中华人民共和国商标法》，第一次对地理标志作出了明确定义——地理标志是指某商品来源于某地区、该商品的特定质量、信誉或其他特征，主要由该地区的自然因素或者人文因素所决定的标志。至此，地理标志在我国才以法律的形式确定下来。

4.2 国内地理标志申请体系的演进

中国的地理标志保护制度和模式是在参考国际经验的基础上不断更

新修正的。我国最初借鉴了两种国际上主流的地理标志保护模式：一种是欧洲国家的专门法保护模式，另一种是美国等新移民国家的商标法保护模式，并在不同部门运用了不同的保护模式。

　　其中，国家工商行政管理总局借鉴了美国等新移民国家的商标法保护模式，并进行了本土化的制度创新，于2003年、2007年分别出台了《集体商标、证明商标注册和管理办法》和《地理标志产品专用标志管理办法》，以集体商标或证明商标的形式保护地理标志品牌；国家质量监督检验检疫总局借鉴了欧洲的专门法保护模式，并进行了本土化制度创新，于2005年、2009年分别出台了《地理标志产品保护规定》和《地理标志产品保护工作细则》，形成了以质检为主的保护模式，其保护标准较为严格；农业部以农业为主导，于2007年出台了《农产品地理标志管理办法》，形成了独立的农产品地理标志登记制度。至此，地理标志的保护制度和管理体系呈现出质检部门、工商部门和农业部门并行管理的"三足鼎立"状态。其中，由国家工商行政总局办理和监管中国地理标志商标；由国家质检总局办理和监管地理标志保护产品；由农业部办理和监管农产品地理标志。三个部门分别办理的三类地理标志及其标识如图4-1所示。

国家工商行政管理总局　　　国家质量监督检验检疫总局　　　国家农业部
地理标志商标专用标识　　　地理标志保护产品专用标识　　　农产品地理标志专用标识

图4-1　地理标志原标识

　　资料来源：《地理标志产品专用标志管理办法》《关于发布地理标志保护产品专用标志比例图的公告》《农产品地理标志管理办法》。

由于多个机构并行管理地理标志，多种地理标志产品专用标识并存使用，并且各部门的管理办法与标准尚存一些差别，这种纵横交织的管理体系使得部分产品出现双重或者多重保护的现象，这进一步导致生产经营者注册申请和运营维护地理标志的成本增加，还导致管理部门对地理标志监管执法的工作难度增大；此外，三种保护模式下的认定机构不同、制度规定的不同及专用标志的不同，造成公众对地理标志产品的认知和识别出现混淆错觉，也在实务工作中不可避免地出现一些权力冲突和纠纷。于是，2018 年相关机构进行改革之后，地理标志商标和地理标志保护产品的注册登记和行政裁决工作现在归于国家知识产权局进行统一管理。此次机构重组，是我国地理标志管理工作统一的开端，突破了我国多年来地理标志多重管理体制的困境。2019 年 10 月，国家知识产权局发布地理标志专用标志官方标志，并且对地理标志专用标志予以登记备案，并纳入官方标志保护。原相关地理标志产品专用标志同时废止，原标志使用过渡期至 2020 年 12 月 31 日。

地理标志现行统一标识如图 4-2 所示，标识以地球经纬线为基底，表现了地理标志作为全球通行的一种知识产权类别和地理标志助推中国产品"走出去"的美好愿景。以长城及山峦剪影为前景，兼顾地理与人文的双重意向，代表着中国地理标志卓越品质与可靠性，透明镂空的设计增强了标志在不同产品包装背景下的融合度与适应性。稻穗源于中国，是中国最具代表性农产品之一，象征着丰收。标志整体庄重大方，构图合理美观，体现官方标志的权威，象征着中国传统的深厚底蕴，作为地理标志专用标志，具有较高的辨识度和较强的象征性。

2020 年，国家知识产权局正式发布了《地理标志专用标志使用管理办法（试行）》，该办法明确提出，由国家知识产权局负责统一制定发布地理标志专用标志使用管理要求，组织实施地理标志专用标志使用监督管理，而地方知识产权管理部门负责地理标志专用标志使用的日常监管。

此外，2020 年 12 月，原国家工商行政管理总局发布的《地理标志产品专用标志管理办法》废止，国家质量监督检验检疫总局发布的《地理标志产品保护工作细则》和《国外地理标志产品保护办法》废止；2022 年 11 月，原国家农业部发布的《农产品地理标志登记程序》废止。至此，我国地理标志保护制度和体系逐步实现协调统一，管理效能和资源利用水平都得到了提高。而建立地理标志统一认定制度下的监管与保护模式，为提高公众对地理标志的认知度，在全社会形成保护地理标志的良好氛围也发挥了积极作用。

图 4 – 2　地理标志现行标识

资料来源：《地理标志专用标志使用管理办法（试行）》。

4.3　国内地理标志的高质量发展

为了在国际上扩大我国地理标志品牌的影响力，保护中欧双方地理标志产品的知识产权，促进双边经贸交流，历经 22 轮磋商，2020 年 9 月 14 日中欧双方正式签署《中华人民共和国政府与欧洲联盟地理标志保护与合作协定》（以下简称《中欧地理标志协定》），这是中国对外商签的第一个全面的、高水平的地理标志保护双边协定。该协定于 2021 年 3 月 1 日正式生效，协定文本共 14 条，对地理标志设定了高水平的保护规则，所包含的地理标志产品种类丰富，包括酒类、茶叶、农产品、食品等，涵盖了双方久负盛名的产品。协定的生效将有效阻止假冒地理标志产品，确保双方消费者能够购买到货真价实的高品质商品。

为了进一步完善地理标志保护和运用体系，强化地理标志保护，提升我国地理标志产品的价值内涵，国家知识产权局于 2021 年 12 月 31 日印发《地理标志保护和运用"十四五"规划》（以下简称《规划》），对"十四五"期间地理标志保护和运用工作进行部署，这也是我国首次发布的地理标志五年规划。《规划》提出地理标志未来五年的主要发展目标：到 2025 年，地理标志制度进一步完善，保护水平显著提升，运用效益充分显现，我国地理标志产品市场竞争力和国际影响力不断增强，地理标志服务国内大循环为主体、国内国际双循环发展格局的重要作用进一步体现。

2023 年底，国家知识产权局局务会审议通过《地理标志产品保护办法》（以下简称《办法》）。《办法》以"急用先行"、解决实践中的突出问题为基本原则，贯彻落实机构改革要求，与机构改革职能调整相衔接；完善审查流程，优化审查认定程序；加强地理标志产品管理，明确生产者义务和地方知识产权管理部门日常监管职责；加强地理标志产品的保护，明确侵权行为。2024 年底，为深入贯彻落实习近平总书记关于知识产权工作的重要指示论述和党中央、国务院决策部署[1]，进一步全面深化地理标志管理体制机制改革，加强地理标志保护，建立地理标志统一认定制度，国家知识产权局、国家市场监督管理总局制定《地理标志统一认定制度实施方案》。

总体而言，中国地理标志保护制度的发展历程是在曲折中前行的，从借鉴国外经验到走出中国特色道路，从分散管理到统一推进，中国的地理标志保护制度日臻完善，国际影响力也愈加彰显。中国地理标志保

---

[1] 国务院新闻办发布会介绍 2024 年知识产权工作进展情况 ［N］. 中华人民共和国中央人民政府网站，2015 – 01 – 15.

护制度发展历程当中的关键政策法规整理如下，如表 4 - 1 所示。

表 4 - 1 中国地理标志保护制度发展历程概述

序号	发布日期	关键事件
1	1985 年 3 月 19 日	中国正式加入《巴黎公约》，开始承担制止虚假表述产品产地商业行为及保护原产地名称的义务
2	1994 年 12 月 30 日	国家工商行政管理局发布《集体商标、证明商标注册和管理办法》
3	1999 年 7 月 30 日	国家质量技术监督局发布《原产地域产品保护规定》
4	2001 年 10 月 27 日	《中华人民共和国商标法》第二次修正中，地理标志被纳入《中华人民共和国商标法》的保护范畴
5	2003 年 4 月 17 日	国家工商行政管理总局发布《集体商标、证明商标注册和管理办法》，原国家工商行政管理局 1994 年 12 月 30 日发布的《集体商标、证明商标注册和管理办法》同时废止
6	2005 年 6 月 7 日	国家质量监督检验检疫总局发布《地理标志产品保护规定》
7	2007 年 2 月 1 日	国家工商行政管理总局发布《地理标志产品专用标志管理办法》
8	2007 年 12 月 25 日	农业部发布《农产品地理标志管理办法》
9	2009 年 5 月 21 日	国家质量监督检验检疫总局发布《地理标志产品保护工作细则》
10	2016 年 3 月 28 日	国家质量监督检验检疫总局发布《国外地理标志产品保护办法》
11	2019 年 10 月 16 日	国家知识产权局发布统一的地理标志专用标志。根据商标法、专利法等有关规定，国家知识产权局对地理标志专用标志予以登记备案，并纳入官方标志保护范围
12	2020 年 4 月 3 日	国家知识产权局发布《地理标志专用标志使用管理办法（试行）》
13	2020 年 9 月 14 日	中欧双方正式签署《中欧地理标志协定》
14	2021 年 12 月 31 日	国家知识产权局发布《地理标志保护和运用"十四五"规划》
15	2022 年 11 月 17 日	原农业部发布的《农产品地理标志登记程序》废止
16	2024 年 1 月 2 日	国家知识产权局发布《地理标志产品保护办法》
17	2024 年 1 月 22 日	国家知识产权局印发《地理标志保护工程实施方案》
18	2024 年 12 月 10 日	国家知识产权局、国家市场监督管理总局发布《地理标志统一认定制度实施方案》

资料来源：笔者整理。

4.4　全国地理标志注册登记状况

　　根据国家知识产权局发布的数据显示，截至 2024 年 11 月底，我国累计核准农产品地理标志有效量为 3510 件；我国累计认定地理标志产品 2544 个，核准地理标志作为集体商标、证明商标注册 7400 件，地理标志专用标志经营主体总数达 3.4 万家；2023 年度，我国地理标志直接产值超过 9600 亿元，实现四连增；建设国家地理标志产品保护示范区 123 个。

　　地理标志产品分为非农产品和农产品两类，其中，农产品是农业中生产的动植物和微生物等产品，具体包括蔬菜、粮食和药材等种植业、奶、肉和蛋等畜牧业以及水生植物和动物等水产业三类。依据中国绿色食品发展中心农产品地理标志查询系统的数据，自 2008 年以来，农产品地理标志的评定、保护和开发工作陆续开展。截至 2023 年底，全国 31 个省（区、市）内农产品地理标志登记数量共计 3510 项，其中在 2010 年（333 件）、2011 年（300 件）、2013 年（328 件）和 2020 年（490 件）的登记数量增幅较大，增幅均在 300 件及以上。在空间分布上，我国地理标志农产品的分布区域存在着地区分布不均衡的现象。全国各省份农产品地理标志平均数约为 113 件，其中，山东省（351 件）、四川省（201 件）和湖北省（197 件）的地理标志商标数量最多，分别占比 10.00%、5.73% 和 5.61%。从产业聚集度来看，除西藏外，30 个省份获登记最多的农产品地理标志大分类均为"种植业类"；山东等 17 个省份拥有农产品地理标志品牌数最多的产业小分类为"果品类"；河南等 7 个省份为"蔬菜类"，西藏等 4 个省份为"肉类产品类"；黑龙江为"粮食类"；安徽为"茶叶类"；吉林为"药材类"。全国各省份地理标志登记数量具体情况如表 4-2 所示。

表 4 - 2　全国农产品地理标志登记数量

省份	2008年	2009年	2010年	2011年	2012年	2013年	2014年	2015年	2016年	2017年	2018年	2019年	2020年	2021年	2022年	总计
安徽			7	4	2	8	6	2	6	10	17	7	32	11	7	119
北京		1	3	2			3	2	1	1			2			15
福建		5	9	9	12	7	6	8	6	8	9	2	27	7		115
甘肃		3	9	7	9	11	5	15	14	4	15	17	17	6	5	137
广东				2	1	3	2	3	8	5	9	6	15	8	1	63
广西		1	13	5	10	13	15	14	14	11	17	13	28		11	165
贵州			3	1	3	4	9	5	10	19	9	37	37	14	3	154
海南								3	4	9	8	6	9	1	2	42
河北			3	8	3	6	4	2	2	4	5	5	8	5	2	57
河南		5	18	20	4	6	2	1	4	19	24	16	41		3	163
黑龙江	11	14	13	17	15	15	9	10	7	9	7	13	14	14		168
湖北	10	2	10	8	8	21	19	16	18	15	16	11	26	15	2	197
湖南	6	3	11	6	4	3	4	4	1	7	18	13	36	10	2	128
吉林	7		3			1		3	1		4	4	1	1		25
江苏		6	8	11	5	6	5	5	6	4	5	11	45	20	4	141
江西			29	16		15	5	4	5	4	5	11	7		4	105

续表

省份	2008年	2009年	2010年	2011年	2012年	2013年	2014年	2015年	2016年	2017年	2018年	2019年	2020年	2021年	2022年	总计
辽宁	5		11	14	12	9	12	4	8	7	8	5	3	2		100
内蒙古	8	5	9	11	3	10	11	7	18	12	13	10	14	3	1	135
宁夏	26		10	3	2	5	4	2		2	5	1				60
青海			5	1	1	14	10	10	8	6	4	4	3	11		77
山东	13	8	63	54	46	48	29	17	16	19	10	7	14	7		351
山西	12		19	22	5	32		11	7	22	13	12	10	10	1	176
陕西	15		8	9	4	4	2	15	13	11	15	7	8	6		117
上海				1	1	4	1	5	1		1		1	1		16
四川		18	34	29	20	16	18	9	10	5	10	7	15	8	2	201
天津				3		2			1		1	1	1			9
西藏		1	1		3		3	2		3	6	1	10	5		35
新疆		2	8	19	10	36	6	10	11	9	8	2	3	1	4	129
云南		4	10	5	15	15	14	7	5	2	4	2	2	1		86
浙江		3	11	8	4	7	5	5	4	10	15	20	49	14	2	154
重庆	8	3	5	5	10	7	4	2	3	1		5	12	5		70
总计	121	81	333	300	212	328	213	204	212	238	281	255	490	186	56	3510

资料来源：中国绿色食品发展中心农产品地理标志查询系统，数据截至2022年底。

4.5 湖北省农产品地理标志的发展状况

本书的实证研究主要以湖北省地理标志产品为研究对象。湖北省在地理位置上位于中国中部，长江中游，其丰富的自然资源和悠久的历史文化孕育了大量具有特色和品质保障的农产品地理标志资源，地理标志登记数量位于全国前列。然而，2019 年中国国际农产品交易会的调研报告显示，虽然湖北省农产品地理标志品牌数量较多，但是品牌价值相对偏低。这是国内地理标志品牌发展的典型状况。因此，本书将主要围绕湖北省地理标志农产品开展深入调查研究，不仅对于提高湖北省农产品地理标志品牌价值和品牌绩效具有直接的实践参考意义，对于全国范围内"重注册轻使用"、品牌价值增长乏力的地理标志的建设和发展同样具有借鉴价值。

4.5.1 湖北省地理标志注册登记状况

依据中国绿色食品发展中心农产品地理标志查询系统的数据，湖北省农产品地理标志申请注册工作起源于 2008 年，截至 2023 年底，湖北省农产品地理标志登记公示的农产品保护数量共计 197 项，其中湖北省地理标志农产品在 2013 年（21 件）和 2020 年（26 件）的登记数量增幅较大，是 2008 年增幅的 2 倍多。根据湖北省知识产权局发布的数据显示，地理标志作为集体商标、证明商标于 2009 年开始登记注册，在 2015 年（72 件）和 2018 年（73 件）的登记数量各形成一个小高峰。截至 2023 年 12 月，湖北省地理标志商标累计注册量为 532 个，排名全国第四；累计开放地理标志商标专用标志下载权限企业 1993 家。湖北省地理标志保护产品的登记时间最早始于 2004 年，其中在 2014 年（45 件）登记的数量最多，但在 2018 年之后登记数量骤降。截至 2023 年底，湖北省地理标志保护产品累计批准量为 165 个，位居全国第二；累计核准使用地理标志产品专用标志企业 300 家；全省发放地理标志专用标志下载口令 654 个，核准新版地理标志专用标志使用企业 672 家。湖北省各类地理标志登记数量具体情况如图 4 - 3 所示。

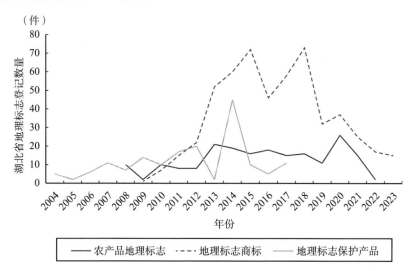

图 4 - 3 湖北省地理标志登记数量

资料来源：中国绿色食品发展中心农产品地理标志查询系统、湖北省知识产权局统计数据，数据截至 2023 年底。

湖北省各类地理标志的注册数量在空间分布上具有差异性，它们的空间分布特征如表 4 - 3 所示。以湖北省的 17 个地市州（林区）为计算单元，全省各市州农产品地理标志平均数约为 12 件，高于平均数的市州有 7 个，这 7 个市州拥有农产品地理标志的数量占全省总量的 78.18%。在空间分布上，宜昌市（39 件）、十堰市（23 件）和黄冈市（21 件）的农产品地理标志数量最多，分别占比 19.80%、11.68% 和 10.66%。全省 17 个市州的地理标志商标平均数约为 31 件，高于平均数的市州有 8 个，这 8 个市州拥有地理标志商标的数量占全省总量的 79.51%。在空间分布上，襄阳市（83 件）、宜昌市（82 件）和荆州市（66 件）的地理标志商标数量最多，分别占比 15.60%、15.41% 和 12.41%。全省 17 个市州的地理标志保护产品平均数约为 10 件，高于平均数的市州有 5 个，这 5 个市州拥有地理标志商标的数量占全省总量的 75.15%。在空间分布上，黄冈市（47 件）、十堰市（27 件）和恩施市（24 件）的农产品地理标志数量最多，分别占比 28.48%、16.36% 和 14.55%。湖北省农产品地理标志、地理标志商标和地理标志保护产品的空间分布状态的偏度值分别为 1.05、0.86 和 2.00，均为右偏分布，峰度值分别为 1.15、−0.02 和 4.23，因此，地理标志保护产品登记状况的地理集中度最高，地理标志商标登记状况的地理集中度最低，而农产品地理标志的地理集中度居中。

表 4 − 3 　　　　　　　　　 湖北省地理标志空间分布状况

农产品地理标志			地理标志商标			地理标志保护产品		
行政区划	数量（件）	占比（%）	行政区划	数量（件）	占比（%）	行政区划	数量（件）	占比（%）
宜昌市	39	19.80	宜昌市	82	15.41	宜昌市	7	4.24
十堰市	23	11.68	十堰市	37	6.95	十堰市	27	16.36
黄冈市	21	10.66	黄冈市	24	4.51	黄冈市	47	28.48
荆门市	19	9.64	荆门市	18	3.38	荆门市	3	1.82
荆州市	18	9.14	荆州市	66	12.41	荆州市	12	7.27
武汉市	18	9.14	武汉市	41	7.71	武汉市	8	4.85
恩施市	16	8.12	恩施市	38	7.14	恩施市	24	14.55
咸宁市	11	5.58	咸宁市	39	7.33	咸宁市	7	4.24
孝感市	10	5.08	孝感市	26	4.89	孝感市	14	8.48
襄阳市	7	3.55	襄阳市	83	15.60	襄阳市	6	3.64
随州市	4	2.03	随州市	13	2.44	随州市	5	3.03
天门市	4	2.03	天门市	3	0.56	天门市	0	0.00
黄石市	2	1.02	黄石市	14	2.63	黄石市	2	1.21
潜江市	2	1.02	潜江市	4	0.75	潜江市	0	0.00

续表

农产品地理标志			地理标志商标			地理标志保护产品		
行政区划	数量（件）	占比（%）	行政区划	数量（件）	占比（%）	行政区划	数量（件）	占比（%）
神农架林区	2	1.02	神农架林区	1	0.19	神农架林区	3	1.82
鄂州市	1	0.51	鄂州市	37	6.95	鄂州市	0	0.00
仙桃市	0	0.00	仙桃市	6	1.13	仙桃市	0	0.00
总计	197	100.00	总计	532	100.00	总计	165	100.00
偏度值：1.05			偏度值：0.86			偏度值：2.00		
峰度值：1.15			峰度值：−0.02			峰度值：4.23		

资料来源：中国绿色食品发展中心农产品地理标志查询系统、湖北省知识产权局统计数据，数据截至2023年底。

地理标志具有丰富的产品类别，不过考虑到地理标志商标和地理标志保护产品在产品类别上不仅包括农产品，还包括手工品等非农产品，因此，以农产品地理标志为例呈现产品类别的分布状况。按照地理标志农产品的生物属性、加工程度和商品属性，可将其进一步划分为蔬菜、茶叶、药材、肉类等15个产品类别，具体分布状况如表4-4所示。其中，蔬菜、果品、茶叶、粮食和药材品类的农产品地理标志数量最多，分别占比20.3%、17.77%、17.26%、11.68%和9.14%，这五类农产品地理标志数量累计占比76.15%。

表4-4　　　　　　湖北省农产品地理标志品类分布状况

产品类别	个数	占比（%）	产品类别	个数	占比（%）
蔬菜	40	20.3	果品	35	17.77
茶叶	34	17.26	粮食	23	11.68
药材	18	9.14	水产动物	15	7.61
肉类产品	12	6.09	蜂类产品	5	2.54
油料	5	2.54	食用菌	4	2.03
蛋类产品	2	1.02	棉麻蚕桑	1	0.51
香料	1	0.51	烟草	1	0.51
其他农产品	1	0.51	总计	197	100.00

资料来源：中国绿色食品发展中心农产品地理标志查询系统，数据截至2023年底。

虽然湖北省农产品地理标志的注册数量较多，数量增长较快，但湖北省地理标志农产品在品牌建设中仍然面临着品牌价值评分不高的尴尬处境。2019年中国国际农产品交易会公布了中国农业品牌目录100个农产品区域公用品牌价值评估榜单和影响力指数榜单，其中农产品区域公用品牌价值和影响力指数的评估体系囊括了农产品的资源禀赋、产业规模、品牌价值、市场号召力以及生产传统等要素。该品牌价值评估榜单和影响力指数榜单显示，共有4个湖北省地理标志品牌入选上述榜单，分别为潜江龙虾、秭归脐橙、恩施硒茶和随州香菇，统计发现，这4个农产品品牌影响力指数评估分布在 71.83 至 87.75 区间内，总计 321.884，排名第5位，品牌影响力指数评估平均值为80.47，排名第4位，可见湖北省农产品地理标志品牌的影响力不容小觑；然而，湖北省入选的这4个农产品品牌价值评估结果为 16.88 亿 ~ 238.32 亿元，总计 301.42 亿元，排名第11位，品牌价值评估平均值为 75.36 亿元，排名第15位，与排名第一的陕西省品牌价值评估平均值相差约 188.15 亿元，可见湖北省地理标志品牌的品牌价值相对偏低。综上所述，湖北省农产品地理标志品牌虽然数量较多，具有较高水平的影响力，但是品牌价值相对偏低。

4.5.2 湖北省农产品地理标志发展过程中存在的问题

湖北省农产品地理标志的发展主要存在以下一些问题：

（1）地理标志保护体系一管理困境。由于2018年以前地理标志的注册登记与审查监管存在质监部门、工商部门和农业部门并行管理的分散管理体系，各部门之间相互独立，虽然注册审批制度存在许多相似之处，但是具体的标准、申请流程与地理标志专用标识使用规范等方面还是具有一些差异。三部门下辖的地理标志授权资格无法相互转化。因此，一些地理标志经营者会申请注册两个或多个地理标志使用权，从而增加了运行成本，同时也造成了地理标志监管工作的混乱和管理资源的浪费。2018年之后，地理标志统一管理制度逐渐推行，以上问题将逐步得到改善。

（2）地理标志注册登记成本高昂。地理标志申请周期不尽相同，快则大半年，慢则两年甚至更久。地理标志的申请周期与审查标准具有一定相关性，例如，由原国家质量监督检验检疫总局批准登记的地理标志保护产品注册标准较高，检测更为严格，往往耗时较长，长周期也伴随着大量人力物力财力的消耗。

（3）地理标志使用和监管乏力。在国家相关政策的倡导和鼓励，各地注册申请地理标志的积极性较高，但是在应用地理标志拉动经济增长和监管地理标志生产经营标准方面动力不足、障碍较多。一方面是生产经营者对地理标志的认知不足，存在政府部门主导申请工作，但是生产经营者不积极加入地理标志受保护成员之中，或虽有地理标志使用权，但是不积极使用地理标志标签。另一方面是地理标志的审查监管难度较大，对于有一定知名度的地理标志品牌，不乏一些本不具备地理标志使用资格的企业或商贩冒用地理标志的现象，从而危害地理标志品牌的信誉。

（4）消费者对地理标志认知不足。地理标志具有惠益分享属性，所有地理标志成员均能获取地理标志品牌所带来的经济溢价（卿利军，2021）。尽管相关部门和协会对地理标志的宣传推广热情高涨，但是企业对自身私有商标更为注重，对地理标志品牌的宣传积极性不高，存在"搭便车"的现象。长此以往，地理标志品牌资产的积累会进展缓慢，难以取得消费者对地理标志品牌的认可，其品牌价值难以提升。

CHAPTER
FIVE

第5章

家乡农产品地理标志品牌
偏好的驱动机理研究

　　品牌消费的文献表明，购买和使用象征性品牌可以满足消费者自我表达、提高自我一致性和建构自我概念的期望，所以那些具有一定群体联想或者群体关联的品牌能够增强消费者的自我—品牌联结（Escalas and Bettman，2003；2005；张初兵和侯如靖，2013）。与此同时，消费者的身份认同是多样化的，涵盖了个体、群体和关系自我等多个层次的身份意识（Yuki，2003；Segev et al.，2012）。其中，群体自我指向能够满足个体身份感和归属感的群体成员（周学春和王长征，2015），当品牌指向的群体身份属于内群体时，群体关联性品牌可以引发更强烈的自我—品牌联结；当品牌指向的群体身份属于外群体时，品牌群体关联性与消费者的自我—品牌联结之间的关系减弱（周学春和王长征，2014）。然而，以往研究较多地关注了群体成员身份对象征性品牌联结与品牌偏好的影响，较少关注到地缘引发的人与地理品牌之间的群体成员关系。

　　农产品地理标志品牌是与特定区域人文历史和自然环境密切相连的特殊农产品品牌，作为一种独特的乡村风土符号，蕴含了特定地域的传统技艺、文化传承、风俗习惯、地理自然环境等根脉信息（Morhart et al.，2015），它的关键特征就表现为产品品质和信誉等资源禀赋与地域的紧密关联性（王笑冰，2015）。与此同时，家乡在中国传统中是个人社会身份的关键建构基础，个人籍贯与身份之间存在着密切联系，与生俱来的地域群体身份是塑造消费者群体自我意识的一项重要标识，而且，籍贯属于个体长期稳定的特质，即便是身处他乡的旅居者身份也不会因居住地的改变而改变（顾德曼，2004）。鉴于此，消费者籍贯与农产品地理标志品牌来源地之间的地缘关系是探究农产品地理标志品牌消费行为的一个关键视角。

地缘可以理解为以家为中心向外辐射，形成的以空间地理为联结纽带的差序格局。人与人之间的地缘关系反映了与地理环境相关的邻里关系、同乡关系等人际关系。而消费者与农产品地理标志品牌的地缘关系则是反映了消费者与品牌在社会距离上的亲疏远近。而社会认同理论提出的内外群体偏差效应表明，人们普遍偏爱内群体成员，贬低和歧视外群体成员（Hewstone et al.，2002）。那么这一效应可能也存在于农产品地理标志品牌的消费行为。此外，随着社会流动性的增加，地缘关系构建的社会距离受到流动的空间的影响，进而二者进一步对农产品地理标志品牌偏好会产生交互影响。为此，本章研究基于籍贯形成的先赋性地缘关系与社会流动形成的空间距离情境，在社会认同理论和地方认同理论基础上构建理论研究模型。研究结论能够揭示消费者对家乡农产品地理标志品牌偏好的驱动机理，进而为后续农产品地理标志"近乡"品牌偏好与"他乡"品牌偏好的驱动机理的研究奠定基础。

5.1 消费者地域群体身份与农产品地理标志品牌偏好

社会认同理论揭示，个体通过自我分类和社会比较，习惯于将他人划分为内群体和外群体，并且人们会偏爱自己所归属的群体，但是歧视或者贬低外群体（Hewstone et al., 2002）。人们对内群体成员往往采取更积极的态度并提供更多有利的资源来满足个体自尊、自我价值保护和群体认同的需求，但人们对外群体成员却时常给予更消极的评价和更低水平的信任，通过强化群体间差异进一步引发群体间的偏见、冲突和敌意，从而形成了不对称的内外群体偏差效应（Turner et al., 1987；Mackie et al., 2000；Tanis and Postmes, 2005；Yuki, 2003；Leach et al., 2007）。内外群体偏差效应表现为人们从认知、情感和行为各个层次上对内群体的认同和偏向，以及对外群体的偏见或者贬低。内外群体偏差效应产生的原因之一在于人们与内群体成员的社会距离更近，而与外群体成员的社会距离远（Buchan et al., 2002）。人们往往同时拥有多重社会身份，有些社会身份是与生俱来的，例如种族、性别、籍贯等，有些社会身份是后天形成的，例如校友、职业、社团等。依据社会认同理论，当某个群体成员身份具有可及性和可诊断性时，则会激发个体的内外群体偏差效应（Reed, 2004）。其中，地域是人们进行自我分类的常见的参照标准，与生俱来的籍贯将会赋予人们地方认同的终身底色，以家乡的名义寄托了个体对过去的经历、文化的浸染、血脉的牵绊等一系列复杂情感与意义象征（王纵横，2016）。而由籍贯形成的地域群体身份不因消费者空间位置变化而产生改变，并根深蒂固地影响个体认知、态度与行为等。

根据地域建构的社会认同过程，地域群体可以划分为家乡群体与非家乡群体，家乡群体指籍贯或来源地一致的群体，非家乡群体指籍贯或来源地不一致的群体。当把农产品地理标志品牌比拟为社会客体时，依据消费者籍贯与农产品地理标志品牌来源地之间的一致性，可以将消费者划分为品牌的家乡群体与非家乡群体。依据社会认同理论，比起与个人身份无关的品牌，那些与消费者存在群体关联性的品牌更容易激发消费者产生自我—品牌联结（Escalas and Bettman，2005），并且，那些象征着内群体身份的品牌要比象征着外群体身份的品牌更能够获得消费者的积极评价（White and Dahl，2006；2007）。以往研究中更为直接的证据表明，本地人要比外地人更倾向于购买产自本地的产品（Van Ittersum K，1999），并更可能对本地产品产生更高的溢价支付意愿（Panzone et al.，2016）。由于农产品地理标志品牌的名称明确而具体地揭示了产品与产地的关联性，从而将潜在消费者与特定区域紧密连接起来，消费该品牌能够满足来源于该区域的消费者的自我认同感（Panzone et al.，2016）和自豪感（Ayşegül，2012）等。因此，相比于消费者籍贯与农产品地理标志品牌归属地不一致的情况，即消费者为非家乡群体成员时，消费者籍贯归属于农产品地理标志品牌来源地的家乡群体成员对该农产品地理标志的品牌偏好更高。据此，提出以下假设。

假设 5-1：消费者地域群体身份会影响农产品地理标志品牌偏好，即相对于非家乡群体成员而言，家乡群体成员对该农产品地理标志的品牌偏好更高。

5.2 地方认同的中介作用

地方认同（place identity）是环境心理学领域研究人与地方关系的一个重要概念，它指消费者尊重当地传统和文化，并且认同当地人的心理联想（Gao et al.，2017），包含了人对地方的情感认可及肯定（戴光全和肖璐，2012）。而普罗夏斯基（Proshansky，1978）则将地方认同定义为"客观世界社会化的自我"，称其是自我认同的一部分。因此，地方认同既包含个体与物理环境之间的情感性关联，又包含个体和地方之间的认知联结。

从地方交互的视角来看，地方认同反映了环境的意义，形成了自我与客观环境相关联的意义系统。地方认同的形成动机来自人与地方的互动（黄飞等，2016）。地方认同的形成同时受到与个体与环境相关的内外部综合因素的影响，既取决于物理环境因素，又受到人与地方的意义建构和关联的作用，并且在时空维度上呈现出动态建构性的特点（Wang and Chen，2015）。综合而言，个体特征、客观环境、人际关系，以及地方特性等因素都会作用于个体的地方认同。其中，居住地对地方认同具有很好的预测作用，相比于外地人，居住在本地的人们对所在地持有更强烈的地方认同（Hernández et al.，2007；黄飞等，2016），即使将居住时间纳入分析框架，居住地所引发的地方认同差异依然存在（Lalli，1988）。在此基础上，籍贯相比居住地是一个更稳定的预测因素，代表了消费者的地域群体身份。研究表明，户籍所决定的本地人身份能够显著增加消费者对其长期居住的所在地的认同程度，而不具有相关籍贯的外地人则难以产生对当前居住地的地方认同感（黄荣贵和孙小逸，2013；黄飞等，2016）。所以，家乡群体相比非家乡群体对本地的地方认同程度更高。

依据地方认同理论，地方认同可以增强消费者对该地的旅游意愿、资源保护与环境责任行为等（Carrus et al.，2005；刘卫梅和林德荣，2018），即促使消费者对该地区本身以及与该地区密切相关的人和事产生积极响应。在消费行为领域的研究也有相似的研究结论，钱树伟等（2010）的研究揭示，地方认同是人们在旅游地的消费动力，旅游者对旅游地的地方认同与其在历史街区的购物行为存在显著的正向关系。罗森鲍姆和蒙托亚（Rosenbaum and Montoya，2007）开展的有关服务人员种族结构的研究发现，少数民族消费者通过衡量自身对消费环境的地方认同来作出对消费场景的选择。当消费者将自己与某个群体关联起来时，即认同该群体时，他们会赋予表征该群体身份的品牌正面意义（杜伟强等，2009）。因此，家乡群体成员对地方认同的积极情感很可能会迁移到与该地方相关的其他事物上。农产品地理标志品牌由于其明确地告知了产品的地理来源，其品牌联想与地方紧密联系在一起，进而具有明显的地域身份表征。家乡群体成员通过更高水平的地方认同对农产品地理标志品牌也生成更为积极的偏好。据此，提出以下假设。

假设 5 - 2：消费者地域群体身份对地理标志农产品偏好的影响受到地方认同的中介作用。具体而言，相对于非家乡群体成员而言，家乡群体成员对该地域的地方认同感更强烈，进而更偏好来源于该地域的农产品地理标志品牌。

5.3 消费者—品牌空间位置关系的调节作用

与生俱来的地域群体身份表述了消费者与品牌之间的社会距离，以籍贯为划分依据，归属于农产品地理标志品牌来源地的消费者是该品牌的内群体，与该品牌社会距离更近，而籍贯非农产品地理标志品牌所在地的消费者是该品牌的外群体，与该品牌社会距离更远。然而，当前中国社会正在经历快速的现代化转型，人们比以前更频繁地更换住所以追求更好的工作机会或更高的生活质量。空间流动已成为当代社会普遍存在的一个现象（Bell and Taylor，2004），并催生了大量的旅居者群体。因此，在讨论心理层面上消费者与农产品地理标志品牌的社会距离的同时，也应当注意到物理层面上消费者与农产品地理标志品牌的空间距离。空间距离对于面对面的直接接触具有重要意义，因此是关系的一个重要方面（Mok et al.，2010）。本章研究使用消费者—品牌空间位置关系来描述消费者当前居住地与农产品地理标志品牌来源地之间的空间关系。空间距离（spaced distance）是心理距离的一种维度，指个体以"这里"为参照所感知到的事件发生或客体存在的物理距离的远近（黄静等，2011）。消费者—品牌空间位置关系也体现了空间距离的远近，指消费者当前所在地与农产品地理标志品牌来源地一致或不一致的关系。以农产品地理标志品牌来源地作为参照标准，消费者—品牌空间位置关系主要区分了以下四类消费者群体：居住在本地的家乡群体、居住在外地的家乡群体、居住在本地的非家乡群体、居住在外地的非家乡群体。

地方认同的形成动机来自人与地方的互动（黄飞等，2016），人们在与地方长期互动过程中不断积累的生活经验融入个体生命的记忆之中，并且潜移默化地受到环境氛围的熏陶，进而在自我认知上将自己定义为这个地方的群体，还在情感上形成对这个地方的亲切感和归属感（Milligan，1998）。因此，人最容易与自身长久居住的家乡产生较深的情感依附。与此同时，外地人旅居在本地也会逐渐累积与当地相关的记忆和经验，从而形成对当前所在地的地方认同感。这意味着，空间距离拉近了社会距离。例如，威廉姆斯和瓦斯卡（Williams and Vaske，2003）提出，人在旅游过程中通过对地方的不断探索和情感卷入进而从生活目的当中滋生自我认同感以实现自身的情感象征与意义表达，个人再经由自我认同的塑造形成对旅游地的认同，这意味着与一个地方的直接接触能够有意识地或无意识地增加人们对地方的认同感。此外，有关城市新移民的研究表明，居住时间对这些居住在当地的新移民的地方认同具有正向影响，居住时间越长，其本地认同感越高（雷开春，2008）。那么对于非家乡群体而言，当他们当前旅居在农产品地理标志品牌来源地时，这种与地方直接的空间互动会激发其对当地的地方认同感，进而能够增加非家乡群体成员对该地区农产品地理标志的品牌偏好。

对于家乡群体而言，消费者空间位置对其家乡地方认同的影响存在不同说法。一方面，尼尔森—平克斯等（Nielsen-Pincus et al.，2010）基于美国西北地区样本的调研发现，相对于有本地户籍并且居住在当地的消费者，有本地户籍但不居住在当地的消费者对地方认同更低。另一方面，赫勒伊特斯（Gruijters，1992）在探寻乡愁随空间距离的变化而发生分异时发现，人们在家乡停留的时间越长、离乡的空间距离越远、独处的程度越高时，乡愁就越发浓厚，其中，在家乡停留时间与独处程度这两个因素对乡愁浓度的影响相对更大。由于乡愁表达了人们对故土和家乡群体相联结的渴望（周尚意和成志芬，2015），进而与地方认同感存在较强的相关性，那么在这一层面上，居住在外地的家乡群体可能比居住在本地的家乡群体具有更强烈的地方认同感。考虑到不同研究的相反结论，可能存在其他因素干扰消费者地理位置对其家乡地方认同的影响，例如，个体孤独感、在家乡的居留时间等，因此，就一般情况的对比，消费者地理位置对其家乡地方认同的影响并不稳固且相对影响较弱。

综上所述，对于非家乡群体而言，相比于消费者居住地与农产品地理标志品牌来源地不一致的情况，当消费者就居住在品牌来源地时，其对该地方的地方认同程度更高，进而增加对该地的农产品地理标志的品牌偏好；对于家乡群体而言，无论消费者居住在本地或外地，其对该地的地方认同感和对该地的农产品地理标志品牌偏好可能不会产生显著差异。从消费者—品牌空间位置关系的分类视角出发，消费者地域群体身份对地方认同和对农产品地理标志品牌偏好产生的差异会在本地受到相对削弱。因此，提出以下假设：

假设 5 - 3：消费者地域群体身份与地方认同之间的关系受到消费者—品牌空间位置关系的调节。具体而言，相比于消费者居住地与农产品地理标志品牌来源地不一致的情况，对于居住在品牌所在地的消费者而言，地域群体身份对地方认同的影响会减弱。

假设 5 - 4：消费者地域群体身份与农产品地理标志品牌偏好之间的关系受到消费者—品牌空间位置关系的调节。具体而言，相比于消费者居住地与农产品地理标志品牌来源地不一致的情况，对于居住在品牌所在地的消费者而言，群体成员身份对该农产品地理标志品牌偏好的影响会减弱。

　　综合以上分析，本章研究构建了关于消费者地域群体身份、农产品地理标志品牌偏好、地方认同和消费者—品牌空间位置关系的逻辑关系，形成了农产品地理标志品牌偏好的内外群体偏差效应模型，具体的研究框架如图 5-1 所示。

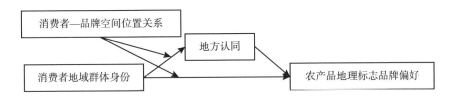

图 5-1　农产品地理标志品牌偏好的内外群体偏差效应模型
资料来源：笔者整理绘制。

5.4　研究设计

5.4.1　研究对象：湖北省农产品地理标志品牌

　　本章研究以湖北省农产品地理标志品牌作为研究对象。湖北省在地理位置上连贯南北，占据长江中游，为亚热带季风气候区，地貌类型多样，拥有大量的具有地理特色和品质保障的农产品地理标志资源。截至2022 年底，湖北省农产品地理标志登记公示的农产品保护数量共计 197 项，居于全国前列；地理标志作为集体商标、证明商标在湖北省的累计注册量为 517 个，湖北省地理标志保护产品累计批准量为 165 个，居于全国前三名。虽然湖北省农产品地理标志品牌数量较多，但是品牌价值相对偏低。因此，本章研究将湖北省品牌地理标志作为目标品牌进行调查研究，对于提高湖北省农产品地理标志品牌价值和品牌绩效具有直接的实践参考意义。

5.4.2　问卷设计与变量测量

调查问卷由主题导引、构念测量题项和人口基本统计信息三个部分构成。在主题导引部分，首先告知受访者地理标志的含义，其次请受访者填写其所有知晓的湖北省农产品地理标志品牌以测量消费者的相关知识。接下来，请受访者回答关于其对湖北省农产品地理标志品牌的整体购买意愿和湖北省地方认同的问题。购买意愿能够在一定程度上反映消费者的品牌偏好，其测量语项参考科伊尔和托森（Coyle and Thorson，2001）的购买意愿量表；地方认同的测量语项参考埃尔南德斯等（Hernández et al.，2007）的地方认同量表和涂等（Tu et al.，2012）的全球—本地认同量表。以上测量均采用李克特 7 点量表。在人口基本统计信息部分，除了受访者性别、年龄、受教育程度、家庭平均年收入之外，还请受访者填写了他们的籍贯所在省市和现居地所在省市以分析受访者的群体成员身份和消费者—品牌空间位置关系。当受访者籍贯所在省份为湖北省时，将其界定为内群体；当受访者籍贯所在省份非湖北省时，将其界定为外群体。当受访者现居地所在省份为湖北省时，分类为消费者与品牌空间位置一致组，当受访者现居地所在省份非湖北省时，分类为消费者与品牌空间位置不一致组。

5.4.3　样本数据描述性分析

由于本章研究目的是探索群体成员身份对农产品地理标志品牌偏好的影响与内在机制，因此，调查对象既面向湖北籍消费者（即家乡群体）又面向非湖北籍消费者（即非家乡群体），调查地点选取了湖北省武汉市和四川省成都市。选择四川省成都市作为调查地点的主要原因是四川省成都市与湖北省距离较远，方便收集非湖北籍消费者数据，并且四川省成都市与湖北省武汉市在经济发展水平、城市规模、人口规模与人口结构等方面具有较高相似度，从而减少与调查城市相关的因素对调查结果产生影响。调研时间为2020年8月，调研数据通过课题组街头拦截调查收集，共收回问卷463份，剔除回答不认真、重要观测值缺失或年龄低于16岁的无效问卷后，最终有效问卷为457份，有效回收率为95.8%，有效样本的基本情况如表5-1所示。其中，湖北籍消费者共160名，占总人数的35.0%，非湖北籍消费者共297名，占总人数的65%；位于湖北的本地湖北籍消费者共136名，本地非湖北籍消费者共46名，位于成都的外地湖北籍消费者共24名，外地非湖北籍消费者共251名；男性共205名，占总人数的44.9%，女性共252名，占总人数的55.1%；受访者的年龄主要集中在25岁以下和25~35岁，这些年龄段的受访者人数分别为220名和161名，分别占总人数的48.1%和35.2%，整体而言，样本的年龄层偏年轻；受访者的受教育程度以本科学历为主，人数为222名，占比49.1%；受访者的家庭平均年收入集中在5万（不含）~10万元和10万（不含）~20万元的区间段中，人数分别为121名和131名，占比分别为32.8%和35.6%。

表5-1　　　　　　　　调查样本基本情况统计

指标	基本情况	频次（n）	有效百分比（%）	指标	基本情况	频次（n）	有效百分比（%）
籍贯	本地湖北籍	136	29.8	受教育程度	小学及以下	7	1.5
	本地非湖北籍	46	10.1		初中	16	3.5
	外地湖北籍	24	5.3		高中或中专	50	11.1
	外地非湖北籍	251	54.9		大专	68	15.0
	总计	457	100.0		本科	222	49.1
性别	男	205	44.9		研究生及以上	89	19.7
	女	252	55.1		总计	452	100.0
	总计	457	100.0				

续表

指标	基本情况	频次（n）	有效百分比（%）	指标	基本情况	频次（n）	有效百分比（%）
年龄	16（含）~25 岁	220	48.1	家庭平均年收入	5 万元及以下	58	15.7
	25（含）~35 岁	161	35.2		5 万（不含）~10 万元	121	32.8
	35（含）~45 岁	40	8.8		10 万（不含）~20 万元	131	35.6
	45（含）~55 岁	27	5.9		20 万（不含）~30 万元	28	7.6
	55 岁及以上	9	2.0		30 万元以上	31	8.4
	总计	457	100.0		总计	369	100.0

资料来源：笔者根据调查数据计算整理。

5.5 实证检验与结果分析

5.5.1 量表信度与效度检验

运用 SPSS 22.0 软件对调研数据进行信效度检验。量表的信度包括内部一致性系数和组合信度，检验结果如表 5-2 所示。首先，购买意愿和地方认同的 Cronbach's α 值分别为 0.907 和 0.858，均在 0.8 以上，高于建议值 0.7，表明测量语项内部一致性较好；购买意愿和地方认同的组合信度（CR）分别为 0.935 和 0.905，均在 0.9 以上，高于建议值 0.7，表明各变量的组合信度较高。其次，购买意愿和地方认同的 KMO 取样适切性量数分别为 0.825 和 0.799，各变量的 Bartlett 球形检验结果均达到显著水平，表明各变量适合进行进一步的因子分析。利用主成分分析法作因子分析，未旋转的因子分析结果均只提取出一个公因子，各变量的累计方差贡献率分别达到 78.356%、70.534%，说明量表具有一定的可靠性。

表 5 - 2　　　　　　　　　量表信度检验结果

变量名	观测数目	KMO	Bartlett 的球形度检验	累积方差贡献率/%	Cronbach's α	CR	AVE
购买意愿	4	0.825	1223.307	78.356	0.907	0.935	0.783
地方认同	4	0.799	847.174	70.534	0.858	0.905	0.705

资料来源：笔者根据调查数据计算整理绘制。

　　收敛效度和区分效度检验。因子分析结果显示如表 5 - 3 所示，首先，所有测量语项的标准化因子载荷值均超过 0.8，相关系数在 $p < 0.001$ 的水平上显著，且购买意愿和地方认同的平均提取方差（AVE）分别为 0.783 和 0.705，均大于建议值 0.5，满足收敛效度的要求；其次，比较 AVE 平方根和相关系数间的关系，检验结果如表 5 - 4 所示，购买意愿和地方认同的 AVE 平方根大于二者的相关系数，表明量表的区分效度较好（Fornell and Larcker，1981）。综上所述，本章研究的测量量表具有良好的可靠性、收敛效度和区分效度。

表 5 - 3　　　　　　　　　各变量测量及因子载荷

变量名	测量语项	因子载荷
购买意愿	我会购买湖北省农产品地理标志品牌	0.895
	我会尝试湖北省农产品地理标志品牌	0.861
	当需要地方特产时，我愿意购买湖北省农产品地理标志品牌	0.880
	我愿意向亲朋好友推荐湖北省农产品地理标志品牌	0.904
地方认同	我感到自己是湖北省的一份子	0.888
	我对湖北省倾注了家乡情感	0.819
	我关注湖北省发生的事情	0.839
	湖北省的人和事让我有亲切感	0.811

资料来源：笔者根据调查数据计算整理绘制。

表 5 - 4　　　　　　　　　区分效度检验结果

变量	购买意愿	地方认同
购买意愿	**0.884**	—
地方认同	0.719 **	**0.840 **

　　注：** 表示显著性 $p < 0.01$；对角线上字体加粗的数值为 AVE 值的平方根，对角线下方字体未加粗的数值为变量间的相关系数。

　　资料来源：笔者根据调查数据计算绘制。

5.5.2 假设检验分析结果

采用方差分析描述与比较有效样本的地方认同和农产品地理标志品牌偏好在地域群体身份和消费者—品牌空间位置关系的不同分组中产生的差异，不同分组下核心变量的描述性统计如表5－5所示。

表5－5　　　不同地域群体身份和空间情境下的核心变量均值

变量	家乡群体	非家乡群体	消费者与品牌空间位置一致		消费者与品牌空间位置不一致	
			家乡群体	非家乡群体	家乡群体	非家乡群体
地方认同	6.11 (0.93)	4.30 (1.28)	6.06 (0.92)	5.13 (1.12)	6.36 (0.91)	4.15 (1.25)
购买意愿	5.61 (1.09)	4.68 (1.19)	5.58 (1.10)	5.27 (1.26)	5.78 (1.05)	4.57 (1.15)

注：表中括号外（内）的数字为均值（标准差）。
资料来源：笔者根据调查数据计算整理绘制。

方差分析结果整理如下：

（1）地域群体身份对消费者地方认同的影响：相对于非家乡群体成员，家乡群体对该地域的地方认同程度更高（$M_{内群体} = 6.11$，$SD = 0.93$；$M_{外群体} = 4.30$，$SD = 1.28$；$F(1, 455) = 248.616$，$p < 0.001$）。

（2）地域群体身份对消费者的农产品地理标志品牌购买意愿的影响：相对于非家乡群体成员，家乡群体对农产品地理标志品牌的购买意愿更高（$M_{内群体} = 5.61$，$SD = 1.09$；$M_{外群体} = 4.68$，$SD = 1.19$；$F(1, 455) = 68.345$，$p < 0.001$）。

（3）地域群体身份和消费者—品牌空间位置关系对地方认同的影响：首先，按照消费者—品牌空间位置关系分组，在消费者与品牌空间位置一致的情况下，相对于非家乡群体成员，家乡群体对该地域的地方认同程度更高（$M_{内群体} = 6.06$，$SD = 0.92$；$M_{外群体} = 5.13$，$SD = 1.12$；$F(1, 180) = 31.839$，$p < 0.001$）；在消费者与品牌空间位置不一致的情况下，相对于

非家乡群体成员，家乡群体对该地域的地方认同程度也更高（$M_{内群体}$ = 6.36，SD = 0.91；$M_{外群体}$ = 4.15，SD = 1.25；$F(1,273)$ = 71.217，$p <$ 0.001）。其次，按照地域群体分组，对于家乡群体而言，消费者—品牌空间位置关系对地方认同的影响不显著（$F(1,158)$ = 0.212，p = 0.646）；对于非家乡群体而言，相对于消费者与品牌空间位置不一致的情况，在消费者与品牌空间位置一致的情况下，受访者的地方认同程度更高（$F(1,295)$ = 44.639，$p <$ 0.001）。

（4）地域群体身份和消费者—品牌空间位置关系对农产品地理标志品牌购买意愿的影响：首先，按照消费者—品牌空间位置关系分组，在消费者与品牌空间位置一致的情况下，家乡群体与外群体成员对农产品地理标志品牌的购买意愿没有显著差异（$M_{内群体}$ = 5.58，SD = 1.10；$M_{外群体}$ = 5.27，SD = 1.26；$F(1,180)$ = 2.652，p = 0.105）；在消费者与品牌空间位置不一致的情况下，相对于非家乡群体成员，家乡群体对该地域的农产品地理标志品牌购买意愿更高（$M_{内群体}$ = 5.78，SD = 1.05；$M_{外群体}$ = 4.57，SD = 1.15；$F(1,273)$ = 24.885，$p <$ 0.001）。其次，按照地域群体分组，对于家乡群体而言，消费者—品牌空间位置关系对农产品地理标志品牌购买意愿的影响不显著（$F(1,158)$ = 0.676，p = 0.412）；对于非家乡群体而言，相对于消费者与品牌空间位置不一致的情况，在消费者与品牌空间位置一致的情况下，受访者对农产品地理标志品牌的购买意愿更高（$F(1,295)$ = 14.004，$p <$ 0.001）。

5.5.3 回归分析检验

本章研究使用 SPSS 22.0 软件，将地域群体身份和消费者—品牌空间位置关系编码为虚拟变量（1 = 内群体，0 = 外群体；1 = 消费者与品牌空间位置一致，0 = 消费者与品牌空间位置不一致），将受教育程度转化为相应受教育年限近似数（按照现行学制为受教育年数计算人均受教育年限，即小学6年，初中9年，高中或中专12年，大专及本科按16年计算，研究生及以上按19年计算），应用层次回归分析方法检验假设5－1～假设5－4。检验结果如表5－6所示。

表5－6　　　　农产品地理标志品牌偏好内外群体偏差效应的
层次回归分析结果

变量	购买意愿	地方认同	购买意愿	地方认同	购买意愿
	模型1	模型2	模型3	模型4	模型5
常数项	4.895 ***	4.925 ***	1.628 ***	5.000 ***	4.957 ***
	(0.536)	(0.532)	(0.449)	(0.519)	(0.528)
地域群体身份	0.965 ***	1.767 ***	−0.207	2.073 ***	1.149 ***
	(0.128)	(0.127)	(0.119)	(0.256)	(0.260)
地方认同			0.663 ***		
			(0.040)		
消费者—品牌空间位置关系				0.849 ***	0.675 ***
				(0.186)	(0.190)
地域群体身份×消费者—品牌空间位置关系				−1.022 **	−0.741 *
				(0.325)	(0.331)
性别	0.023	0.065	−0.019	0.029	−0.005
	(0.121)	(0.121)	(0.091)	(0.118)	(0.120)
年龄	−0.008	−0.026 ***	0.009	−0.027 ***	−0.009
	(0.007)	(0.007)	(0.005)	(0.007)	(0.007)
受教育年限	−0.003	0.008	−0.008	−0.004	−0.013
	(0.025)	(0.025)	(0.019)	(0.024)	(0.025)
家庭平均年收入	0.003	−0.002	0.004	−0.000	0.004
	(0.003)	(0.003)	(0.002)	(0.003)	(0.003)
ΔR^2	0.126	0.356	0.505	0.389	0.152
F	11.488 ***	41.100 ***	62.606 ***	33.956 ***	10.268 ***

注：*** 、** 、* 分别代表在0.001、0.01和0.05水平上显著；括号外（内）的数字为系数（标准误差）。

资料来源：笔者根据调查数据计算整理绘制。

数据检验结果如下：

（1）地域群体身份对农产品地理标志品牌购买意愿的主效应：以群体成员身份为自变量、农产品地理标志品牌购买意愿为因变量，以性别、年龄、受教育年限和家庭平均年收入为协变量进行回归分析，结果如模型1所示，居住流动性对他乡农产品地理标志品牌购买意愿存在显著正向影响（$\beta = 0.965, p < 0.001$）。该结果表明，相对于非家乡群体，家乡群体成员对农产品地理标志品牌的购买意愿更高，验证假设5-1。

（2）地方认同的中介效应：以地域群体身份为自变量、地方认同为因变量，纳入相关协变量进行回归分析，分析结果如模型2所示，群体成员身份对地方认同存在显著正向影响（$\beta = 1.767, p < 0.001$），说明相对于外群体，内群体消费者的地方认同程度更高。进一步地，同时将地域群体身份和地方认同作为自变量、农产品地理标志品牌购买意愿作为因变量，纳入相关协变量进行回归分析，结果如模型3所示，地方认同对农产品地理标志品牌购买意愿具有显著正向影响（$\beta = 0.663, p < 0.001$），而群体成员身份对农产品地理标志品牌购买意愿不存在显著影响（$\beta = -0.207, p = 0.087$）。该结果表明，地域群体身份对农产品地理标志品牌购买意愿的影响完全被地方认同中介，验证了假设5-2。中介机制如图5-2所示。

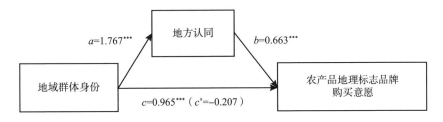

图5-2　地域群体身份对农产品地理标志品牌购买意愿的中介影响机制
资料来源：笔者根据本章调查数据整理绘制。

（3）消费者—品牌空间位置关系的调节效应：将地域群体成员身份、消费者—品牌空间位置关系和二者交互项作为自变量，以地方认同为因变量，纳入相关协变量进行回归分析，分析结果如模型4所示，群体成员身份($\beta = 2.070, p < 0.001$)和消费者—品牌空间位置关系($\beta = 0.849, p < 0.001$)对地方认同均具有显著正向影响，地域群体身份和消费者—品牌空间位置关系的交互项的回归系数也显著，且为负值($\beta = -1.022, p < 0.01$)。模型 5 结果显示，地域群体身份($\beta = 1.149, p < 0.001$)和消费者—品牌空间位置关系($\beta = 0.675, p < 0.001$)均显著正向影响农产品地理标志品牌的购买意愿，群体成员身份和消费者—品牌空间位置关系的交互项的回归系数也显著，且为负值($\beta = -0.741, p < 0.05$)。这说明消费者—品牌空间位置关系负向调节群体成员身份与地方认同、农产品地理标志品牌购买意愿之间的正向关系，即相比于消费者所在地与农产品地理标志品牌来源地不一致的情况，当消费者所在地与农产品地理标志品牌来源地一致时，地域群体身份对地方认同和农产品地理标志品牌购买意愿的影响更小，验证假设 5 - 3 和假设 5 - 4。

（4）地域群体身份和消费者—品牌空间位置关系对农产品地理标志品牌购买意愿的中介影响机制分析：以地域群体身份为自变量、地方认同为中介变量、农产品地理标志品牌购买意愿为因变量，以消费者—品牌空间位置关系为调节变量，以性别、年龄、受教育年限和家庭平均年收入为协变量，采用 Bootstrap 方法对有调节的中介效应模型（process 程序中的 model 7）进行分析。在 Bootstrap（重复有放回抽样）样本 5000 和 95% 置信区间的设置条件下，中介效应结果如表 5 - 7 模型 6 所示。数据结果表明：无论当消费者所在地与农产品地理标志品牌来源地不一致时（间接效应大小为 1.375，LLCI = 1.0131，ULCI = 1.7373，不包含 0），还是当消费者所在地与农产品地理标志品牌来源地一致时（间接效应大小为 0.697，LLCI = 0.4621，ULCI = 0.9726，不包含 0），地方认同的间接效应均显著。但是相比于消费者居住地与农产品地理标志品牌来源地一致的情况，对于非农产品地理标志品牌来源地的消费者而言，地方认同的中介效应更大（间接效应差异为 - 0.678，LLCI = - 1.0787，ULCI =

−0.2574，不包含0）。这个数据结果说明消费者—品牌空间位置关系对地域群体身份和农产品地理标志品牌购买意愿之间关系的调节是通过地方认同中介的。

表5-7　　　　地域群体身份和空间位置关系对农产品地理

标志品牌购买意愿的中介影响机制分析

变量		$R^2 = 0.513$，$F = 62.606$***			
	自变量	β	se	t	p
结果变量：农产品地理标志品牌购买意愿（Y）	常数项（C）	1.628	0.449	3.626	0.000
	地域群体身份（X）	−0.207	0.119	−1.735	0.084
	地方认同（M）	0.663	0.040	16.563	0.000
	性别	−0.020	0.091	−0.213	0.831
	年龄	0.010	0.005	1.756	0.080
	受教育年限	−0.008	0.019	−0.441	0.660
	家庭平均年收入	0.004	0.002	1.693	0.091
X对Y的直接效应		$Effect$	SE	LLCI	ULCI
		−0.207	0.120	−0.4416	0.0277
在调节变量不同水平上，X对Y有调节的间接效应	中介变量：地方认同（M）	$Effect$	$Boot\ SE$	BootLLCI	BootULCI
	消费者与品牌空间位置不一致组（W=0）	1.375	0.185	01.0131	01.7373
	消费者与品牌空间位置一致组（W=1）	0.697	0.131	0.4621	0.9726
有调节的间接效应指数	中介变量	$Index$	SE（$Boot$）	BootLLCI	BootULCI
	地方认同（M）	−0.6780	0.209	−1.0787	−0.25740

注：LLCI=95%置信区间下限；ULCI=95%置信区间上限。
资料来源：笔者根据调查数据计算整理绘制。

5.6 本章小结

本章从消费者与农产品地理标志品牌的地缘关系视角，重点关注了农产品地理标志品牌偏好的内外群体偏差效应，依据社会认同理论和地方认同理论，具体探讨了消费者地域群体身份产生的社会距离与消费者居住地物理分布形成的空间距离对农产品地理标志品牌偏好的影响。本章采用调查法收集了 457 份有效问卷，结果表明，相对于非家乡群体成员，家乡群体成员对农产品地理标志品牌的购买意愿更高；地方认同在地域群体身份与农产品地理标志品牌偏好之间的逻辑关系中发挥中介作用；消费者—品牌空间位置关系调节地域群体身份对地方认同和农产品地理标志品牌偏好的影响。本章研究通过检验农产品地理标志品牌偏好的内外群体偏差效应，表明巩固本地市场与维护家乡群体顾客价值的重要性，然而，要提高农产品地理标志品牌的竞争力和影响力必然要扩展外地市场容量，如何将外群体转化为内群体？如何使本地品牌能够有效吸引外来消费者群体？这些问题值得进一步研究探讨。

第6章

近乡农产品地理标志品牌偏好的驱动机理研究

在快速城镇化现代化和人口大规模流动背景下，"生于斯、长于斯"的人地依附传统逐渐淡化，为了追求更高质量的生活理想而开展的地域迁移日益频繁（戴逸茹和李岩梅，2018）。第七次全国人口普查公报（第七号）显示，截至2020年，中国大陆人户分离人口达4.93亿人，扣除市辖区内人户分离的情况，流动人口达3.76亿人。人口的大规模地域间流动让"乡愁"成为亿万人共有的情愫和当代中国一种惯常的社会现象（周怡，2011；林剑，2017）。乡愁传达了人性本源中中对熟悉的生活经验及环境的依赖，承载着人们对过去的时间、地点或人的归属感（周尚意和成志芬，2015）。狭义上的乡愁表达了人们心底里对家乡、对过去生活过的地方、体验的过往以及熟悉的人的记忆和眷恋，包含了人心深处对故土的依恋和联结等积极情感卷入。广义上的乡愁脱离了家乡这个语境，把对地方和过去的依恋和联结感延伸到了从未居住过的地方和从未经历过的事物当中，表达了一种泛化的文化感受或者文化上的情感认同（梁梅，2015）。广义上的乡愁体现了家乡在地缘概念上的可延展性。费孝通（1998）在对地缘关系差序格局的描述中也指出，个体所处的地缘圈子随自己所处时空的改变而产生变化。

农产品地理标志品牌融合了地域自然与文化特色，通常以"地域名称＋产品名"的方式命名，进而明确地告知了消费者产品的地理来源，因此它们可以激活那些来源于同一地区消费者的自我认同感（Panzone et al.，2016），并且满足人们在快速城市化现代化背景下对乡土气息和地域空间的归属感，成为寄托现代乡愁的重要载体。然而，对于众多生活在他乡的人们而言，家乡品牌常常"可望而不可及"，这时他们可能会消费来源于家乡相邻地区的农产品地理标志品牌，即近乡农产品地理标志品牌，以聊解乡愁。如"一盘松滋荞麦豆皮也能满足所有漂泊在外的湖北人的思乡之情""一碗正宗的盘锦大米也会让旅居在外的东北人眼前一亮"。农产品地理标志品牌不仅能够激活来源于同一地区消费者的自我认同感，还能引发来源于品牌所在地相邻区域的消费者的兴趣而扩大销售。那么，消费者会在何种情境下增强对"近乡"农产品地理标志的品牌偏好？其内在机理和边界条件又是什么？这是促进农产品地理标志品牌拓展和地方经济发展的重要理论与现实问题。

以往涉及乡愁消费的研究大多局限在乡愁情感对家乡品牌或者产品的促进上（Viladrich and Tagliaferro，2016；Smeekes and Jetten，2019；Huang et al.，2018），很少关注乡愁情感是否会延伸到家乡相邻区域的品牌或者产品上。这是因为先前文化研究和身份认同研究大多把家乡看作静态和持久的实体概念，但事实并非如此。托雷利等（Torelli et al.，2017）把家乡概念化为具有可扩展边界的群体，他们认为扩大后的本土身份认同能满足消费者强烈的家乡联结需求。因此，在足够的动机驱动下，消费者可能会基于感知相似性将相近群体纳入内群体，并提高与相近群体身份相关的消费偏好（Torelli et al.，2017）。那么消费者的家乡内群体边界在何种情形下还会扩展？相关的文化适应工作表明，对于从家乡迁移到新文化环境的人来说，家乡文化和宿主文化之间的感知差异越大，他们与家乡文化的联系就越强（Nesdale and Mak，2003），进而可能产生扩大群体边界的动机，从而实现他们与家乡联系的愿望（Torelli et al.，2017）。徐岚等（2020）在论述家乡概念时也提到，对于跨省求学的大学生而言，家乡概念更可能是一个省份；对于海外移民的侨胞来说，家乡概念更可能是一个国家。这意味着，消费者的家乡身份不仅可以通过内部动机塑造，还可以根据不同空间距离情境通过心理表征调整。

　　因此，本章研究基于家乡概念的动态视角，从内群体边界扩展心理机制出发，依据社会认同理论和解释水平理论，构建了消费者离家空间距离对"近乡"农产品地理标志品牌偏好的影响模型，并从区域文化差异性角度提出了这一影响的边界条件。

6.1　动态视角下的家乡概念

　　家乡是人们长期居住和生活的地方（Huang et al.，2018），是与人们的出生、成长或者寻根相关联的地缘概念（周怡，2011）。家乡不仅仅是一种地理指代的称谓，还寄托了个体对过去的经历、文化的浸染、血脉的牵绊等一系列复杂情感与意义象征（王纵横，2016）。它是人们可以感受到强烈的信任感、安全感和依靠感的地方（Ratnam and Drozdzewski，2018；金寿铁，2017），表达了人们不可或缺的空间性需求（王纵横，2016）。那么兼具情感寓意和地理空间属性的"家乡"边界在哪？这是乡愁消费研究中常被忽视的问题。在乡愁文学作品中，王昌龄《芙蓉楼送辛渐》中的家乡指洛阳（由诗句"洛阳亲友如相问，一片冰心在玉壶"可知），汪元量《望江南·幽州九日》中的家乡指九州之一的幽州（由题目推测），余光中《乡愁》中的家乡指的是祖国（由诗句"而现在／乡愁是一湾浅浅的海峡/我在这头/大陆在那头"推测）。黄潇婷等（2019）从对地方依恋的概念解读中指出，个体"地域人"假设背后蕴含着一套"空间"行为策略，即人们倾向于以家为中心向邻近地方建立情感联系或者产生依恋。这表明家乡是一个多层次化的概念。在人文地理学的研究中，家乡在空间尺度上通常被划分为三至六级，不同尺度形成层级从属嵌套的关系（Agnew，1993）：按人居环境科学范围，家乡可被划分为全球、区域、城市、社区（村镇）、建筑五大地理尺度（张文忠等，2013；Hammond，2004）；按行政地理尺度，家乡可被划分为全球、国家、省份、城市、村（镇）等地理尺度（李雪铭和田深圳，2015）。

由于家乡尺度的多层次性，不同家乡尺度的身份建构可能存在冲突，个体如何在不同层次的家乡尺度上进行身份界定？马库斯和沃夫（Markus and Wurf，1987）从社会身份延展性的角度提出，能够响应特定情境的身份主导着人们的行为。史密斯（Smith，1992）则认为，人们传统观念里的家乡实体，即在地方、城市、区域、国家，甚至全球等某个地理尺度上的范畴化概念，并不符合本体论的观念，事实上，人们是在与地方和社会的长期互动过程中无意识地塑造家乡的地理尺度和地理结构的。周怡（2011）通过比较不同类型流动者的乡土情感发现，家乡概念不仅具有地缘属性，还包含文化向量，具体而言，农民工对家乡的定义由土地主导，而留洋者对家乡的定义由文化主导。托雷利等（Torelli et al.，2017）则从动机的视角提出，当人们会体验到与新文化的文化差异时，人们会体验到自我概念与周围环境之间的文化分离感（Oberg，1960），进而会产生与家乡联系的愿望，积极扩展自己的内群体边界去包含其他地理相近或者文化相近的群体。例如，当日本消费者经历印度文化冲击时，他们将积极地扩展其家乡概念，将新加坡视作其内群体，从而更愿意选择新加坡的航空公司，而不是法国航空公司。这意味着家乡身份既指代地理群体，又指代文化群体，并且个体对家乡概念的主观定义具有动态性，对家乡边界的认知亦视具体情境而定。

人口流动作为一种空间位移活动（段成荣和杨舸，2009），按照户口性质和居住地城乡类型，可以分为乡城流动、城城流动、乡乡流动、城乡流动四类（马志飞等，2019；马小红等，2014）。在人口普查中，按照流入地和流出地行政划分，人口流动还可以划分为市内流动、省内市际流动和省际流动等。这种流动方式的划分暗示了流动人口离家空间距离远近参差。本书把离家空间距离定义为消费者经常居住地与家乡所在地的相对地理空间距离。

依据格式塔理论，空间距离会影响个体对事物整体性的认知判断。按照个体具身认知规律，物体大小的判断取决于其在视网膜成像的大小，物体在视网膜的意象随物理距离的延长而变小，远距离的刺激会看起来更小（Koffka，2010）。因此，两点间距离的判断受个体与目标点距离的影响，当个体逐渐远离这两个目标点时，两点距离的感知会变小，容易将这两点组成一个整体。这意味着，当个体距离家乡越远时，越倾向于以家乡为中心，把家乡与邻近地区看作一个整体，即更可能把相邻区域囊括进家乡范围。当然，家乡作为一个实体远超视野范围，判断家乡与相邻区域的关系难以用实际视觉去捕捉两个地方的距离，而更多地在心理感知地图上去勾勒家乡身份的范围。

6.2 离家空间距离、内群体边界扩展与近乡农产品地理标志品牌偏好

依据社会认同理论，个体的社会认同建立在社会分类、社会比较和积极区分原则之上（张莹瑞和佐斌，2006）。社会认同理论提出，个体通过社会分类，将他人自动地区分为内群体和外群体，并且在认知上将符

合内群体的特征赋予自我，在行为上将有利的资源分配给内群体成员（Turner et al.，1987），进而对自己所在群体产生认同，并产生内群体偏好和外群体偏见（Hewstone et al.，2002），即认为"我们"优秀，而"他们"糟糕（Myers，2014），因为这可以增强个体的自尊和自我意识（Hewstone et al.，2002）。同时，消费者通过消费来展示自我身份，并且把消费品视作自我概念的延伸（Laverie et al.，2002）。比起与个人身份无关的品牌，个体更容易与身份相关品牌形成自我—品牌联结（Escalas and Bettman，2005），且对那些象征着内群体身份的品牌产生更为积极的品牌态度（White and Dahl，2007）。

农产品地理标志品牌是一种注册登记了的区域公用品牌类型，具有公共性和集体性（孙丽辉等，2009），既高度依赖于它的地理环境属性，又能在区域内共享品牌资产（宋永高等，2020）。农产品地理标志品牌的命名方式主要为"地域名称＋产品名"的方式命名，例如阳澄湖大闸蟹、秭归脐橙等。作为推动乡村产业振兴和塑造农产品品牌资产优势的战略要素，农产品地理标志品牌蕴含着巨大的市场价值和农村产业发展的核心动能，对提高农地质量、打造农业特色经济、提升农业质量效益、促进农民增收、促进农村繁荣和高质量发展区域经济具有重要影响（卿利军，2021；李赵盼和郑少锋，2021；赵冠艳和栾敬东，2021；董银果和钱薇雯，2022；Girard，2022）。由于农产品地理标志品牌明确而具体地告知了产品的地理来源，这会让人们感知到该品牌与特定区域的紧密连接，甚至将该品牌作为特定区域的代表和象征，因此它们可以激活那些来源于同一地区的消费者的自我认同感和自豪感（Ayşegül，2012）等。此外，来源于家乡的区域品牌更符合本地消费者的需求，能够彰显独特的本土文化（Xie et al.，2015），并且支持本地社会经济系统（Panzone et al.，2016）。因此，相对于外地品牌或产品，消费者更偏好家乡品牌或产品（吴林海等，2018），即消费者对来源于家乡的农产品地理标志品牌存在内群体偏好效应。同时，由于消费者对家乡概念的主观界定具有动态变化性，对家乡边界的认知视具体情境而定，那么在一些场景中消费者可能会扩大家乡边界，对来源于他们家乡相邻地区的区域品牌即近乡农产品地理标志品牌形成更积极的态度，产生内群体偏好。

解释水平理论提出，人们对事件的感知受到心理距离（包括时间距离、空间距离、社会距离、真实性距离）的影响，心理距离不同，解释水平则不同，进而个体判断和决策结果也不相同（Liberman et al.，2007）。具体来说，当个体感知事件的心理距离较近时，他们习惯采用具体的、局部的、关注表面特征的低解释水平思维来表征客体；当个体感知事件的心理距离较远时，他们习惯采用抽象的、整体的、关注本质的和与目标相关的高解释水平特征来表征客体（Fujita et al.，2006；Trope and Liberman，2010）。在高解释水平下，人们倾向于抽象地组织客体，对事物进行更高水平的分类（Liberman et al.，2002），进而会提高个体的相似性感知，使人们关注共同点而非差异点（Förster et al.，2008）。因此，当离家空间距离越近时，人们对家乡的联想越可能采取具体的、低解释水平的思维，会更关注家乡与相邻区域的具体特征，聚焦于局部性与差异性，从而更倾向于将家乡与相邻区域分开；而当离家空间距离越远时，人们对家乡的联想越可能采取抽象的、高解释水平的思维，会更关注家乡与相邻区域的共同点，聚焦于整体性与相似性，从而更倾向于将家乡与相近的地理群体组合为一个更广泛的家乡概念，扩展家乡内群体边界。

综上所述，联合社会认同理论的内群体偏好效应和解释水平理论，可以推断出相对于离家距离近的消费者，离家距离远的消费者内群体边界扩展程度更高，更趋于把近乡纳入更广泛的家乡概念中，从而对近乡农产品地理标志品牌产生更明显的内群体偏好效应。因此，本章提出以下假设：

假设 6-1：离家空间距离影响近乡农产品地理标志品牌偏好。相对于离家空间距离近的消费者，离家空间距离远的消费者对近乡农产品地理标志的品牌偏好程度更高。

假设 6-2：内群体边界扩展在离家空间距离与近乡农产品地理标志品牌偏好的关系之间发挥中介作用。

6.3 区域文化差异性的调节作用

地方文化认同是人们建构地域身份的基础要素之一（Gao et al.，2017）。来自相同文化背景的个体共同分享他们的习俗、实践、语言、价值观和世界观，共同定义他们的社群（黄海洋和何佳讯，2017）。以往的文化研究主要关注不同国家之间文化价值观的差异以及文化在跨境经济交流中的作用，虽然这是基于同一国家内部具有同质文化价值观的假设，但事实上，同一个国家不同地区也存在着相对的文化价值观差异（杨昊等，2019）。每个省份、城市甚至社区都有其独特的文化，它们在塑造居民的决策和行为方面起着关键作用（Rentfrow，2014）。作为"亚文化"范畴的区域文化是指在一定空间范围内特定人群的行为模式和思维模式，可由物质、制度和哲学等三个层次构成（张凤琦，2008）。

与此同时，基于社会认同理论，消费者倾向于把与母国文化相似性高的国家归入内群体；把文化差异性高的国家归为外群体（Ma et al.，2012）。文化相似性与共享的社会线索相关联，并为具有相似文化背景的人提供情感纽带（Chen et al.，2009）。进而，文化相似性会导致内群体偏向，而文化差异性会促进外群体偏见（Ma et al.，2012；Shi and Tang，2015）。此外，有关乡愁内涵的描述也指出，人们在对家乡的心理依恋中不仅寄托了对过去的地方的眷恋，还有对地理空间凝结的家乡文化、风俗习惯和传统价值的认同感，人们在乡愁这种情绪中寄予了对经典价值传承的期许和对文化血脉继承的归化（林剑，2017）。托雷利等（Torelli et al.，2017）也经常将家乡概念化为消费者的文化群体，它不仅指向地理层面，还包含了从属关系的心理基础，例如，规范、信仰和传统中的文化根源或相似之处。因此，消费者对近乡区域的内群体边界扩展效应会受到区域文化差异性的抑制作用，当消费者感知到近乡区域文化与其自身社会文化存在较大差异时，将难以把近乡纳入家乡内群体范围。由于离家距离远的个体更倾向于定义一个广泛的家乡概念，因此，区域文化差异性对这部分消费者的家乡内群体边界扩展将会产生更为明显的抑制效果，从而减弱离家空间距离对内群体边界扩展的作用差异。据此，提出以下假设：

假设6-3：区域文化差异性调节消费者离家空间距离对内群体边界扩展的影响。具体而言，当消费者感知到近乡区域文化与其家乡文化存在显著差异时，离家空间距离对消费者内群体边界扩展倾向的促进作用会减弱。

假设6-4：区域文化差异性调节消费者离家空间距离对内群体边界扩展的影响。具体而言，当消费者感知到近乡区域文化与其家乡文化存在显著差异时，离家空间距离对近乡农产品地理标志品牌偏好的促进作用也会减弱。

综合以上分析，本章研究构建了关于消费者离家空间距离、区域文化差异性、内群体边界扩展和近乡农产品地理标志品牌偏好的研究模型，如图6-1所示。

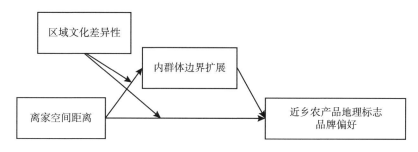

图6-1 近乡农产品地理标志品牌偏好驱动机理的研究模型
资料来源：笔者整理绘制。

6.4 实验一：近乡农产品地理标志品牌偏好的距离效应

6.4.1 实验设计与变量测量

实验一的主要目的是检验消费者离家空间距离对近乡农产品地理标志品牌偏好的影响（假设6-1）。本实验采用2（离家距离远与离家距离近）组间单因素实验设计，实验中采用湖北省仙桃市农产品地理标志品牌"沔阳三蒸"作为近乡农产品地理标志品牌。其中，"沔阳"是湖北省仙桃市的旧称。2019年6月实验招募到65名在湖北省武汉市内就读的湖北籍在校大学生（非仙桃市的湖北人）和57名在北京市内就读的湖北籍在校大学生（非仙桃市的湖北人）参与实验，剔除填写不规范的问卷，有效样本总数为118份，其中位于武汉市的样本占比53.4%，男性占比58.5%，平均年龄为19.94岁。实验中武汉市内样本被视为离家距离近组，北京市内样本被视为离家距离远组。

实验程序如下：首先，请被试填写他们的家乡所在省市和现常住地所在省市，并回答感知离家空间距离作为空间距离的操控检测项。其次，向被试展示"沔阳三蒸"的简短介绍，询问他们对"沔阳三蒸"这个产品的购买意愿（Steinhart et al.，2014，采用三条语项测量，$\alpha=0.925$）和推荐意愿（You et al.，2019，采用单维语项测量）。再其次，将山西省区域品牌"晋式三蒸"作为外群体对照品牌，同时呈现"沔阳三蒸"和"晋式三蒸"的简短介绍，请被试根据自己当下的偏好对这两个品牌的喜好程度作出选择，以此来比较不同离家空间距离下消费者对近乡农产品地理标志品牌的内群体偏好效应。最后，收集了被试的人口基本信息。

6.4.2　实验结果分析

实验数据分析结果如下：

（1）操控检验：独立样本 T 检验结果显示，位于北京的被试比位于武汉的被试感知离家空间距离更远（$M_{近} = 2.51$, $SD = 1.64$；$M_{远} = 5.65$，$SD = 1.43$；$t(116) = -11.051$, $p < 0.001$, Cohen's $d = 1.02$），说明将北京市内样本作为离家距离远组、武汉市内样本作为离家距离近组是合适的。

（2）离家空间距离对近乡农产品地理标志品牌偏好的主效应：独立样本 T 检验结果显示，离家距离远组的被试对"沔阳三蒸"的购买意愿（$M_{近} = 3.93$, $SD = 1.34$；$M_{远} = 4.44$, $SD = 1.36$；$t(116) = -2.045$, $p = 0.043$, Cohen's $d = 0.19$）和推荐意愿（$M_{近} = 3.71$, $SD = 1.65$；$M_{远} = 4.42$, $SD = 1.61$；$t(116) = -2.340$, $p = 0.021$, Cohen's $d = 0.22$）均显著高于离家距离近组的被试。在"沔阳三蒸"和"晋式三蒸"的喜好度权衡中，离家距离远组的被试比离家距离近组的被试更倾向于选择"沔阳三蒸"这个近乡农产品地理标志品牌（$M_{近} = 5.27$, $SD = 1.71$；$M_{远} = 5.96$, $SD = 1.32$；$t(116) = -2.445$, $p = 0.016$, Cohen's $d = 0.23$）。不同离家空间距离情境下的近乡农产品地理标志品牌偏好均值如表 6-1 所示，品牌偏好的差异显著性如表 6-2 所示。综上说明，离家距离远的消费者比离家距离近的消费者对近乡农产品地理标志的品牌偏好程度更高，因此假设 6-1 得到验证。

表 6-1　　不同离家空间距离情境下的近乡农产品地理标志品牌偏好均值

组别	购买意愿	推荐意愿	品牌喜好度
离家距离近组	3.93（1.34）	3.71（1.65）	5.27（1.71）
离家距离远组	4.44（1.36）	4.42（1.61）	5.96（1.32）

注：表中括号外（内）的数字为均值（标准差）。

资料来源：笔者根据实验一的数据整理。

表6-2   不同离家空间距离情境下的近乡农产品地理标志品牌

偏好差异显著性

变量		列文方差相等性检验		平均值相等性的 t 检验				
		F	显著性	t	自由度	显著性（双尾）	平均差	标准误差差值
购买意愿	已假设方差齐性	0.028	0.867	-2.045	116	0.043	-0.51044	0.24965
	未假设方差齐性			-2.043	113.448	0.043	-0.51044	0.24987
推荐意愿	已假设方差齐性	0.084	0.772	-2.340	116	0.021	-0.704	0.301
	未假设方差齐性			-2.344	114.607	0.021	-0.704	0.300
产品选择	已假设方差齐性	2.923	0.090	-2.445	116	0.016	-0.69380	0.28380
	未假设方差齐性			-2.487	114.394	0.014	-0.69380	0.27895

资料来源：笔者根据本章实验一的数据整理。

6.5 实验二：内群体边界扩展的中介作用

6.5.1　实验设计与变量测量

实验二的主要目的是进一步检验离家空间距离对近乡农产品地理标志品牌偏好的影响（假设6-1），并且检验内群体边界扩展的中介作用（假设6-2）。由于实验一选取的家乡和近乡区域为同一省域内的不同城市，为拓展研究的外部效度，实验二通过变换空间尺度的层次，在家乡和近乡区域的选取上突破省域界线，把四川省作为家乡区域，把重庆市作为近乡区域，以进一步检验离家空间距离对近乡农产品地理标志品牌偏好的影响，增强结果的稳健性。

本实验依旧采用2（离家距离远与离家距离近）组间单因素实验设计，实验中采用重庆市农产品地理标志品牌"城口老腊肉"作为近乡农产品地理标志品牌。与实验一设计稍有不同，本实验采用准纵向设计以更好地控制组间样本异质性。实验分为两个时间点开展，第一次实验时间为2019年6月，第二次实验为2020年7月的补充实验，实验被试均从天津某高校和秦皇岛某高校的四川籍在读大学生群体中招募。2019年6月的实验被试主要在校学习，离家距离远。2020年7月的实验被试主要生活在家乡，离家距离近。两次实验共收集95份样本数据，剔除填写不规范的问卷，有效样本总数为89份，包括43名当前常住地位于天津和秦皇岛的被试和46名当前常住地位于四川省内的被试。其中，男性被试占比55.1%，平均年龄为19.99岁。实验中四川省内样本被视为离家距离近组，天津和秦皇岛的样本被视为离家距离远组。

实验程序如下：首先，请被试填写其家乡所在省市、现常住地所在省市，并回答感知离家空间距离作为空间距离的操控检测项。其次，请被试思考他们对家乡的定义，回答他们在多大程度上会把重庆这个"近乡群体"纳入其内群体边界（Torelli et al.，2017），采用三条语项测量取均值（$\alpha = 0.855$）："考虑到归属于社会群体的重要性，此刻我对____群体归属感强烈""考虑到我对社会群体的认同，此刻我认同____群体""考虑到我想联结的社会群体，此刻我想联结____群体"（1 = 倾向于仅仅四川地区，7 = 倾向于整个川渝地区）。再其次，将甘肃省区域品牌"陇西腊肉"作为外群体对照品牌，同时呈现"重庆城口老腊肉"和"甘肃陇西腊肉"的简短介绍，请被试根据自己当下的偏好对这两个品牌进行品牌评价（Luffarelli et al.，2019），采用两条语项测量取均值（$r = 0.915$）："在这两款产品中，您喜欢哪一个""在这两款产品中，您对哪一个更偏好"。最后，收集了被试的人口基本信息。

6.5.2 实验结果分析

6.5.2.1 量表信度与效度检验

运用 SPSS 22.0 软件对实验问卷当中的内群边界扩展变量和品牌评价变量进行信效度检验。首先，内群体边界扩展量表的信度包括内部一致性系数和组合信度，检验结果如表 6－3 所示。内群体边界扩展的 *Cronbach's α* 值为 0.855，高于建议值 0.7，表明测量语项内部一致性较好；内群体边界扩展的组合信度（*CR*）为 0.913，高于建议值 0.7，表明变量的组合信度较高。其次，内群体边界扩展的 *KMO* 取样适切性量数为 0.735，变量的 Bartlett 球形检验结果也达到显著水平，表明该变量适合进行进一步的因子分析。利用主成分分析法作因子分析，未旋转的因子分析结果只提取出一个公因子，变量的累计方差贡献率达到 77.701%，说明内群体边界扩展量表具有一定的可靠性。品牌评价采用两条语项进行测量，主要检验其内部一致性，品牌评价的 *KMO* 取样适切性量数为 0.735，表明其信度良好。

表 6－3　　　　　　　　内群体边界扩展量表信度检验结果

变量名	观测数目	*KMO*	*Bartlett* 的球形度检验	累积方差贡献率/%	*Cronbach's α*	*CR*	*AVE*
内群体边界扩展	3	0.735	115.838	77.701	0.855	0.913	0.777

资料来源：笔者根据本章实验二的数据整理绘制。

收敛效度检验。内群体边界扩展测量语项的因子分析结果显示如表 6－4 所示，内群体边界扩展的所有测量语项的标准化因子载荷值均超过 0.8，相关系数在 *p* < 0.001 的水平上显著，且内群体边界扩展的平均提取方差（*AVE*）为 0.777，大于建议值 0.5，满足收敛效度的要求。品牌评价采用两条语项进行测量，主要通过计算这两条语项的相关性来判断品牌评价

变量的收敛效度。肯德尔双变量相关分析结果显示，品牌评价的两条语项的相关性为0.915，相关性较高，所以品牌评价的测量语项具有较高收敛效度。综上所述，本章研究中的内群体边界扩展变量和品牌评价变量具有良好的可靠性和收敛效度。

表6-4 内群体边界扩展变量测量及因子载荷

变量名	测量语项	因子载荷
内群体边界扩展	考虑到归属于社会群体的重要性，此刻我对_____群体归属感强烈	0.879
	考虑到我对社会群体的认同，此刻我认同_____群体	0.883
	考虑到我想联结的社会群体，此刻我想联结_____群体	0.883

资料来源：笔者根据本章实验二的数据整理绘制。

6.5.2.2 假设检验

应用层次回归分析方法检验假设6-1~假设6-2的实验数据分析结果汇总于表6-5中。

表6-5 近乡农产品地理标志品牌偏好驱动机理的层次回归分析结果

变量	品牌评价	内群体边界扩展	品牌评价	品牌评价	内群体边界扩展	品牌评价
	模型1	模型2	模型3	模型4	模型5	模型6
常数项	5.261***	3.681***	4.388***	10.424***	8.753***	8.962***
	(0.231)	(0.260)	(0.408)	(2.149)	(2.440)	(2.260)
离家空间距离	0.797*	1.513***	0.438	0.838*	1.578***	0.526
	(0.333)	(0.374)	(0.352)	(0.328)	(0.372)	(0.354)
内群体边界扩展			0.237*			0.198*
			(0.093)			(0.094)
性别				0.001	-0.230	0.046
				(0.329)	(0.374)	(0.323)
年龄				-0.259*	-0.239*	-0.212*
				(0.104)	(0.118)	(0.105)
R^2 或 ΔR^2	0.062	0.158	0.108	0.095	0.171	0.130
F	5.744*	16.356***	6.351**	4.075**	7.061***	4.298**

注：***、**、*分别代表在0.001、0.01和0.05水平上显著；括号外（内）的数字为系数（标准误差）；模型1和模型2采用R^2表示，模型3~模型6采用ΔR^2表示。

资料来源：笔者根据本章实验二的数据整理绘制。

实验检验结果如下：

（1）操控检验：独立样本 T 检验结果显示，位于津冀地区的被试比位于四川省内的被试感知离家空间距离更远（$M_近 = 2.41, SD = 1.78; M_远 = 5.98, SD = 1.47; t(87) = -10.241, p < 0.001, Cohen's d = 1.09$），说明将位于天津和秦皇岛的样本作为离家距离远组、四川省内样本作为离家距离近组是合适的。

（2）离家空间距离对近乡农产品地理标志品牌评价的主效应：独立样本 T 检验结果显示，在"重庆城口老腊肉"和"甘肃陇西腊肉"的权衡中，离家距离远组的被试比离家距离近组的被试更倾向于选择"重庆城口老腊肉"这个近乡农产品地理标志品牌（$M_近 = 5.26, SD = 1.70; M_远 = 6.06, SD = 1.42; t(87) = -2.397, p = 0.019, Cohen's d = 0.26$）。将离家距离近组编码为 0，离家距离远组编码为 1，以离家空间距离为自变量、品牌评价为因变量进行回归分析，模型 1 结果显示，离家空间距离对近乡品牌评价存在显著正向影响（$\beta = 0.797, p = 0.019$）。这进一步说明，相对于离家距离近的消费者，离家距离远的消费者对近乡农产品地理标志品牌的品牌评价更高，再次验证假设 6 - 1。

（3）离家空间距离对内群体边界扩展的影响：独立样本 T 检验结果显示，离家距离远组的被试比离家距离近组的被试更倾向于将内群体边界扩展为川渝地区，而不是仅四川地区（$M_近 = 3.68, SD = 1.96; M_远 = 5.19, SD = 1.53; t(87) = -4.044, p < 0.001, Cohen's d = 0.43$）。以离家空间距离为自变量、内群体边界扩展为因变量进行回归分析，模型 2 结果显示，离家空间距离对内群体边界扩展存在显著正向影响（$\beta = 1.513, p < 0.001$）。这进一步说明，相对于离家距离近的消费者，离家距离远的消费者对家乡内群体边界的定义更广泛，内群体边界扩展程度更高。

（4）内群体边界扩展的中介效应：以离家空间距离为自变量、内群体边界扩展为中介变量、品牌评价为因变量，采用 Bootstrap 方法对中介效应模型（process 程序中的模型4）进行分析。在 Bootstrap（重复又放回抽样）样本5000和95%置信区间的设置条件下，模型3详细结果如表6–6所示，内群体边界扩展对近乡农产品地理标志品牌评价具有正向影响（$\beta = 0.237, p < 0.05$），离家空间距离通过内群体边界扩展影响近乡农产品地理标志品牌评价的间接效应显著（间接效应大小为0.359，LLCI = 0.0535，ULCI = 0.4210，不包含0），说明内群体边界扩展的中介效应存在。控制了中介变量后，离家空间距离对近乡农产品地理标志品牌评价不再具有显著的直接影响（$\beta = 0.438$，LLCI = -0.2603，ULCI - 1.1371，包含0），说明内群体边界扩展在离家空间距离与近乡农产品地理标志品牌评价的效应中发挥了完全中介作用，因此假设6–2得到验证，内群体边界扩展的中介影响机制如图6–2所示。

表6–6　　　　　　　　　　内群体边界扩展的中介效应

模型3	结果变量：近乡农产品地理标志品牌购买意愿（Y）	$R^2 = 0.129$，$F = 6.351$**		
	自变量	β	*se*	*t*	*p*
	常数项（C）	4.388	0.408	10.768	0.000
	离家空间距离（X）	0.438	0.352	1.247	0.216
	内群体边界扩展（M）	0.237	0.092	2.567	0.012
	X 对 Y 的直接效应：				
		Effect	*SE*	LLCI	ULCI
		0.438	0.352	-0.2603	1.1371
	X 对 Y 的间接效应：				
	中介变量	*Effect*	*Boot SE*	BootLLCI	BootULCI
	内群体边界扩展	0.359	0.086	0.0964	0.7538

注：LLCI = 95%置信区间下限；ULCI = 95%置信区间上限。
资料来源：笔者根据本章实验二的数据整理绘制。

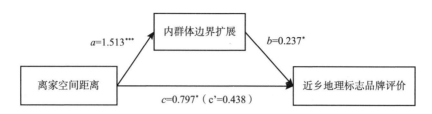

图 6-2　离家空间距离对近乡农产品地理标志品牌评价的中介影响机制

资料来源：笔者根据本章实验二的数据整理会绘制。

（5）其他因素：将被试的年龄、性别作为协变量放入模型，回归分析模型 4 结果显示，离家空间距离对消费者近乡农产品地理标志品牌评价仍具有显著正向影响（$\beta = 0.838, p = 0.012$）；回归分析模型 5 结果显示，离家空间距离对消费者内群体边界扩展仍具有显著正向影响（$\beta = 1.578, p < 0.001$）；中介效应分析模型 6 结果显示，内群体边界扩展对近乡农产品地理标志品牌评价具有正向影响（$\beta = 0.198, p < 0.05$），离家空间距离通过内群体边界扩展影响近乡农产品地理标志品牌评价的间接效应显著（间接效应大小为 0.312，LLCI $= 0.0709$，ULCI $= 0.7033$，不包含 0）；控制了中介变量后，离家空间距离对近乡农产品地理标志品牌评价不再具有显著的直接影响（$\beta = 0.526$，LLCI $= -0.1776$，ULCI $= 1.2288$，包含 0），说明内群体边界扩展在离家空间距离与近乡农产品地理标志品牌评价的效应中发挥了完全中介作用。该数据分析结果与上述一致，增强了研究模型的稳健性。

6.6　实验三：区域文化差异性的调节作用

6.6.1　实验设计与变量测量

实验三的主要目的是检验区域文化差异性对离家空间距离与消费者

内群体边界扩展和近乡农产品地理标志品牌偏好之间关系的调节作用（假设 6-3 和假设 6-4）。本实验采用 2（离家距离远与离家距离近）×2（区域文化差异性高与区域文化差异性低）组间实验设计，实验中近乡农产品地理标志品牌采用湖北省恩施州农产品地理标志品牌"恩施建始猕猴桃"。2019 年 12 月实验招募到 112 名在湖北省武汉市内就读的湖北籍在校大学生（非恩施州的湖北人）和 97 名在北京市内就读的湖北籍在校大学生（非恩施州的湖北人），有效样本总数为 209 份，其中位于武汉市的样本占比 53.6%，男性占比 57.4%，平均年龄为 20.15 岁。实验中武汉市内样本被视为离家距离近组，北京市内样本被视为离家距离远组。

实验程序如下：首先，请被试填写其家乡所在省市、现常住地所在省市，并回答感知离家空间距离作为空间距离的操控检测项。其次，所有被试被随机分配到 2 个实验组并阅读一段文字材料，其中区域文化差异性高组的阅读材料强调恩施文化与荆楚文化的差异性，区域文化差异性低组的阅读材料强调恩施文化与荆楚文化的融合性。阅读完材料后，请被试汇报恩施文化差异性感知，参考托雷利等（Torelli et al.，2017）的文化差异体验量表，采用三条语项测量取均值（$\alpha = 0.817$）："恩施文化与我家乡文化差异很大""恩施文化与我家乡文化非常不同""恩施文化非常独特"。再其次，请被试思考他们对家乡的定义，并回答他们在多大程度上会把恩施纳入其家乡概念，具体做法借鉴阿伦等（Aron et al.，1992）和托雷利等（Torelli et al.，2017）的做法，采用圆圈距离法测量他们的内群体边界扩展程度。最后，向被试展示"恩施建始猕猴桃"的简短介绍，询问他们对这个品牌的购买意愿（测量语项与实验一相似，例如："如需购买猕猴桃，我选择该品牌的可能性很高"，$\alpha = 0.847$）。最后收集被试的人口基本信息。

6.6.2 实验结果分析

6.6.2.1 量表信度与效度检验

首先，运用 SPSS 22.0 软件对实验问卷当中的区域文化差异性变量进行信效度检验。区域文化差异性量表的信度包括内部一致性系数和组合信度，检验结果如表 6-7 所示。区域文化差异性的 Cronbach's α 值为 0.817，高于建议值 0.7，表明测量语项内部一致性较好；区域文化差异性的组合信度（CR）为 0.891，高于建议值 0.7，表明变量的组合信度较高。其次，区域文化差异性的 KMO 取样适切性量数为 0.657，勉强适合作因子分析；同时，变量的 Bartlett 球形检验结果达到显著水平，表明变量适合进行进一步的因子分析。利用主成分分析法作因子分析，未旋转的因子分析结果只提取出一个公因子，变量的累计方差贡献率达到 73.189%，说明区域文化差异性量表具有一定的可靠性。

表 6-7　　　　　区域文化差异性量表信度检验结果

变量名	观测数目	KMO	Bartlett 的球形度检验	累积方差贡献率/%	Cronbach's α	CR	AVE
区域文化差异性	3	0.657	257.696	73.189	0.817	0.891	0.732

资料来源：笔者根据本章实验三的数据整理绘制。

收敛效度检验。区域文化差异性测量语项的因子分析结果显示如表 6-8 所示，内群体边界扩展的所有测量语项的标准化因子载荷值均超过 0.7，相关系数在 $p < 0.001$ 的水平上显著，且区域文化差异性的平均提取方差（AVE）为 0.732，大于建议值 0.5，满足收敛效度的要求。综上所述，本章研究中的区域文化差异性变量具有良好的可靠性和收敛效度。

表6-8	区域文化差异性变量测量及因子载荷	
变量名	测量语项	因子载荷
内群体边界扩展	考虑到归属于社会群体的重要性，此刻我对_____群体归属感强烈	0.907
	考虑到我对社会群体的认同，此刻我认同_____群体	0.895
	考虑到我想联结的社会群体，此刻我想联结_____群体	0.757

资料来源：笔者根据本章实验三的数据计算整理绘制。

6.6.2.2 假设检验

本章研究使用SPSS 22.0软件，应用层次回归分析方法和Bootstrap分析方法检验假设6-1与假设6-2的实验数据分析结果汇总于表6-9中。

表6-9　离家空间距离和区域文化差异性对近乡农产品地理标志
品牌购买意愿的中介影响机制分析

	项目	自变量	β	se	t	p
模型7	内群体边界扩展（M）$R^2=0.061$，$F=4.425^{**}$	常数项（C）	1.951	0.198	9.858	0.000
		离家空间距离（X）	1.093	0.302	3.620	0.000
		区域文化差异性（W）	0.363	0.293	1.238	0.217
		离家空间距离×区域文化差异性（X×W）	-1.034	0.430	-2.405	0.017
模型8	近乡农产品地理标志品牌购买意愿（Y）$R^2=0.039$，$F=2.743^{*}$	常数项（C）	4.142	0.153	27.082	0.000
		离家空间距离（X）	0.510	0.233	2.187	0.030
		区域文化差异性（W）	0.335	0.227	1.478	0.141
		离家空间距离×区域文化差异性（X×W）	-0.928	0.332	-2.794	0.006
模型9	近乡农产品地理标志品牌购买意愿（Y）$R^2=0.059$，$F=6.437^{***}$	常数项（C）	3.897	0.157	24.768	0.000
		离家空间距离（X）	-0.062	0.166	-0.375	0.708
		内群体边界扩展（M）	0.188	0.053	3.577	0.000
		X对Y的直接效应	*Effect*	*SE*	LLCI	ULCI
			-0.062	0.166	-0.3902	0.2655

续表

项目	自变量	β	se	t	p
模型9 $R^2 = 0.059$, $F = 6.437***$	近乡农产品 地理标志品牌 购买意愿（Y）	在调节变量不同水平值上，X 对 Y 有调节的间接效应：			
		中介变量：内群体边界扩展（M）	*Effect*	*Boot SE*	BootLLCI	BootULCI
		区域文化差异性低组（W=0）	0.205	0.086	0.0706	0.4119
		区域文化差异性高组（W=1）	0.011	0.059	−0.1089	0.1277
		有调节的间接效应指数：			
		中介变量	*Index*	*Boot SE*	BootLLCI	BootULCI
		内群体边界扩展（M）	−0.194	0.105	−0.4538	−0.0335

注：LLCI＝95%置信区间下限；ULCI＝95%置信区间上限。

资料来源：笔者根据本章实验三的数据计算整理绘制。

数据检验结果如下：

（1）操控检验：独立样本 T 检验结果显示，位于北京的被试比位于武汉的被试感知离家空间距离更远（$M_近 = 2.67$，$SD = 1.70$；$M_远 = 6.00$，$SD = 1.21$；$t(207) = -16.094$，$p < 0.001$，Cohen's $d = 1.12$），说明将北京市内样本作为离家距离远组、武汉市内样本作为离家距离近组是合适的。同时强调文化差异组的被试感知到的区域文化差异性显著高于强调文化融合组的被试（$M_差异 = 4.82$，$SD = 1.14$；$M_融合 = 4.50$，$SD = 1.09$；$t(207) = -2.104$，$p = 0.037$，Cohen's $d = 0.15$），说明本实验对区域文化差异性的操控是成功的。

（2）离家空间距离和区域文化差异性对内群体边界扩展的影响：将离家距离近组编码为0，离家距离远组编码为1，将区域文化差异性低组编码为0，区域文化差异性高组编码为1，以内群体边界扩展为因变量，以离家空间距离、区域文化差异性以及二者交互项为自变量进行回归分析，模型7结果显示，离家空间距离显著影响内群体边界扩展程度（$\beta = 1.093$，$p < 0.001$），区域文化差异性对内群体边界扩展没有显著影响（$\beta = 0.363$，$p = 0.217$），离家空间距离与区域文化差异性的交互项显著影响内群体边界扩展程度（$\beta = -1.034$，$p = 0.017$），说明离家空间距离与区域文

化差异性对内群体边界扩展的影响存在显著的交互效应。因此，进一步进行简单效应分析，结果如图 6 – 3 所示，在区域文化差异性低的情景中，离家距离远的被试比离家距离近的被试内群体边界扩展程度更高，更倾向于将恩施纳入进其家乡概念（$M_{近} = 1.95$，$SD = 0.20$；$M_{远} = 3.04$，$SD = 0.23$；$F(1,205) = 13.108$，$p < 0.001$，$\eta^2 = 0.06$）；在区域文化差异性高的情景中，离家距离远的被试与离家距离近的被试在内群体边界扩展程度上无显著差异（$M_{近} = 2.31$，$SD = 0.22$；$M_{远} = 2.37$，$SD = 0.22$；$F(1,205) = 0.037$，$p = 0.848$）。以上说明区域文化差异性调节了离家空间距离与内群体边界扩展的关系。综上所述，假设 6 – 3 得到验证。

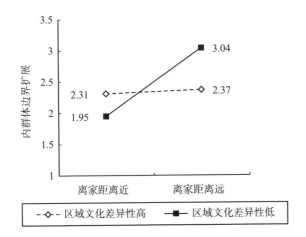

图 6 – 3 离家空间距离和区域文化差异性对内群体边界扩展的影响
资料来源：笔者根据本章实验三的数据整理绘制。

（3）离家空间距离和区域文化差异性对近乡农产品地理标志品牌购买意愿的影响：以近乡农产品地理标志品牌购买意愿为因变量，以离家空间距离、区域文化差异性以及二者交互项为自变量进行回归分析，回归分析模型 8 结果显示，离家空间距离显著影响近乡农产品地理标志品牌购买意愿（$\beta = 0.510$，$p = 0.030$），区域文化差异性对近乡农产品地理标志品牌购买意愿没有显著影响（$\beta = 0.335$，$p = 0.141$），离家空间距离与区域文化差异性的交互项显著影响近乡农产品地理标志品牌购买意愿（$\beta =$

-0.928，$p=0.006$），说明离家空间距离与区域文化差异性对近乡农产品地理标志品牌购买意愿的影响存在显著的交互效应。因此，进一步进行简单效应分析，结果如图 $6-4$ 所示，在区域文化差异性低的情景中，离家距离远的被试对"恩施建始猕猴桃"这一近乡农产品地理标志品牌的购买意愿显著高于离家距离近的被试（$M_{近}=4.14$，$SD=0.15$；$M_{远}=4.65$，$SD=0.18$；$F(1,205)=4.782$，$p=0.030$，$\eta^2=0.02$）；而在区域文化差异性高的情景中，离家距离远的被试对近乡农产品地理标志品牌的购买意愿低于离家距离近的被试，但为边际显著（$M_{近}=4.48$，$SD=0.17$；$M_{远}=4.06$，$SD=0.17$；$F(1,205)=3.127$，$p=0.079$）。以上说明区域文化差异性调节了离家空间距离与近乡农产品地理标志品牌购买意愿的关系。综上所述，假设 $6-4$ 得到验证。

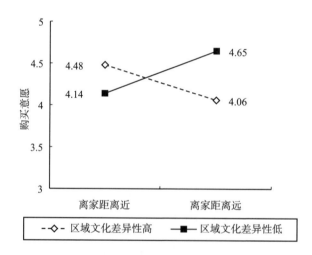

图 6-4 离家空间距离和区域文化差异性对近乡农产品地理标志品牌购买意愿的影响

资料来源：笔者根据本章实验三的数据整理绘制。

（4）内群体边界扩展的中介效应：以离家空间距离为自变量，内群体边界扩展为中介变量，近乡农产品地理标志品牌购买意愿为因变量，区域文化差异性为调节变量，采用 Bootstrap 方法对有调节的中介效应（process 程序中的 model 7）进行分析。在 Bootstrap （重复有放回抽样）

样本 5000 和 95% 置信区间的设置条件下，被调节的中介效应分析模型 9 结果显示，离家空间距离通过内群体边界扩展影响近乡农产品地理标志品牌购买意愿的间接效应显著（$\beta = 0.188$，LLCI = 0.0843，ULCI = 0.2914，不包含 0），说明内群体边界扩展的中介效应存在；控制了中介变量后，离家空间距离与近乡农产品地理标志品牌购买意愿之间的关系不再显著（$\beta = -0.062$，LLCI = -0.3902，ULCI = 0.2655，包含 0），说明内群体边界扩展在离家空间距离与近乡农产品地理标志品牌购买意愿的效应中发挥了完全中介作用。具体而言，在区域文化差异性低的情景中，离家空间距离通过内群体边界扩展影响近乡农产品地理标志品牌购买意愿的间接效应显著（$\beta = 0.205$，LLCI = 0.0706，ULCI = 0.4119，不包含 0）；而在区域文化差异性高的情景中，离家空间距离通过内群体边界扩展影响近乡农产品地理标志品牌购买意愿的间接效应不再显著（$\beta = 0.188$，LLCI = -0.1089，ULCI = 0.1277，包含 0）。综上所述，内群体边界扩展在区域文化差异性相对较低的情景中发挥完全中介作用，在区域文化差异性相对较高的情景中不发挥中介作用。

6.7　本章小结

本章依据社会认同理论和解释水平理论，基于家乡概念的动态视角，通过三个实验探究了消费者离家空间距离对其家乡内群体边界扩展和"近乡"农产品地理标志品牌偏好的影响。三个实验的内在逻辑层层递进，并且运用了不同类别的实验产品、不同类型的被试群体、不同尺度的地域范围以及横纵向实验方法，结果发现，相对于离家空间距离近的消费者，离家空间距离远的消费者内群体边界扩展程度更高，即更倾向于把与家乡相邻的区域纳入更广泛的家乡概念中，从而增加对近乡农产品地理标志的品牌偏好程度；区域文化差异性会调节消费者离家空间距离与其内群体边界扩展的关系，即当消费者感知到近乡区域文化与其家乡文化存在显著差异时，离家空间距离对内群体边界扩展的促进作用会减弱，进而抑制消费者对近乡农产品地理标志品牌偏好的距离效应。本章的研究结论补充了有关家乡身份建构和群体身份延展性的研究，丰富了农产品地理标志品牌和区域文化的消费行为研究，并且为农产品地理标志品牌市场容量扩张和区域文化营销提供了重要的实践启示。

CHAPTER
SEVEN

第 7 章

他乡农产品地理标志品牌偏好的驱动机理研究

地理标志通过传达农产品的声誉质量、安全性和真实性（Bardají et al.，2009；Teuber，2011；Grunert and Aachmann，2016），对推动区域经济发展、实现乡村全面振兴和促进居民消费升级具有重要战略意义（Cei et al.，2018；张亚峰等，2019）。然而，当前农产品地理标志品牌的发展现状呈现出"外冷内热"的局面，除少数全国知名地理标志品牌以外，大部分地理标志品牌往往在本地具有知名度，但在走出本地市场、开拓外地市场时存在障碍，尤其在省外的影响力较弱，市场的地域性辐射范围较窄，呈现为"大标志，小市场"的尴尬处境（尚旭东和李秉龙，2011）。放眼全球市场，2020 年《中欧地理标志协定》正式生效，从国家层面为双方的地理标志品牌提供高水平的保护，但是中国农产品"走出去"的市场定位与营销路径如何选择，仍有待学界提供更多理论参考。

在前面章节中，研究检验了农产品地理标志品牌存在的内外群体偏差效应，即相对于非家乡群体成员而言，家乡群体成员对本地的地方认同程度更高，从而对来源于家乡的农产品地理标志品牌形成更积极的消费偏好。不过，人们对内群体边界的认知并非一成不变，离家空间距离较远的消费者存在内群体边界扩展的倾向，他们愿意把与家乡相邻的区域纳入内群体范畴，从而增加对近乡农产品地理标志的品牌偏好。这些研究内容从"家乡"与"近乡"的视角为农产品地理标志巩固和拓展品牌内群体提供了理论参考，本章意图在前面研究结论和研究思路的基础上进行延伸，继续探讨消费者对外群体农产品地理标志品牌偏好的驱动机理。

当代中国社会是流动的社会，人口的迁移流动成为生活的常态，人们居住流动性的增幅明显。居住流动性指人们改变居住地的频率或频率预期（Oishi et al.，2009）。居住地的变动一方面增加了居住地环境中人员结构的异质性和人口的流动性（陶雪婷，2020）；另一方面增加了个体经历中与地方互动关系的多样性和人际关系的流动性。现有研究已经关注到这种微观层面的居住流动性会引发的地域身份认同的改变。王等（Wang et al.，2020）研究提出，居住流动性能够凸显消费者的全球身份，进而增加人们对远距离受益者的捐赠额度。那么人与地方关系的改变所带来的个体本土身份与社会认同的解构与重构是否会重新塑造个体与他乡关系的认知，以及消费者对与特定区域密切相连的他乡农产品地理标志品牌的态度？这对于农产品地理标志品牌拓展市场容量和扩大品牌影响力极为关键。

因此，本章研究立足于城市化现代化进程中人口频繁流动的社会背景，依据社会认同理论，探讨居住流动性与外群体农产品地理标志品牌偏好之间潜在的关联性，即居住流动性对"他乡"农产品地理标志品牌偏好的影响机理，并提出区域形象对该影响的调节效应。

7.1 居住流动性与他乡农产品地理标志品牌偏好

伴随中国城镇化的快速发展、居住证制度的普及实施、户口限制的减弱，传统的"安土重迁"的人地依附理念逐渐消退，人口的流动迁移日益频繁（戴逸茹和李岩梅，2018）。居住流动性成为社会生态心理学的研究热点，在宏观层面上，可以采用"在特定时期，特定社区、城市、州或国家的居民进行迁移的比例或者预期迁移比例"来捕获居住流动性（Oishi，2010）；在微观层面上，可以采用"个人在一定时期内经历的居住流动频率，或者个体预期未来的居住流动频率"来定义居住流动性（Oishi，2010）。在本章研究中，居住流动性被限定为个体在城市或省份之间的移动，而不是在同一城市内住所之间的移动。

依据社会认同理论，人们存在自我区分的潜在动机，个体通过社会分类进行边界区分，并且导致人们对自己所在群体产生认同，对外群体产生偏见（Hewstone et al.，2002），即当群体成员身份变得显著时，为了维持内群体认同和自我价值，对内群体成员采取积极的态度，对外群体成员采用敌意的态度（Myers，2014），认为"我们"优秀，而"他们"糟糕（Myers，2014）。然而，居住地的流动破坏了个体的原有社会网络结构，使人们对社会环境的依赖减弱，从而难以依赖特定的社会关系或者某些团体身份来表达自我概念，而是倾向于使用较为独特的个人属性来界定自我概念（Oishi et al.，2007；Oishi，2010）。进而，相较于居住稳定的消费者，有居住流动经历的消费者群体区分动机更弱，其地域建构的群体成员身份更广泛（Baumeister，1996）。此外，最佳独特性理论（optimal distinctiveness theory）认为，人们对明确的群体内部的感知可以根据某些动机作出改变，从而在社会群体内外寻求与其他人相似但不同的平衡（Brewer，1991）。有关群际接触的文献表明，群体间接触可以抑制偏见发生的潜在机制，从而产生更强烈的同理心（Batson et al.，1997）、更高程度的文化开放性（Nesdale and Todd，2000）、更小的群体间偏见（Bettencourt et al.，1992）和更低程度的焦虑（Miller，2002），即对整个群体更积极的态度。因而，居住流动性由于增加了人们与其他群体接触，进而能够产生对整个群体更开放的积极态度。其次，个体流动性的增加使消费者能够接触到更多的其他地区的文化和消费风格，由此产生多样化的认识和体验很可能唤起对来自其他地区的产品和服务的积极态度（Riefler and Diamantopoulos，2009）。进而推测，相对于居住稳定的消费者，流动的消费者更愿意尝试并更可能接受具有"他乡标识"的农产品地理标志品牌。据此，提出以下假设。

假设 7-1：相对于居住稳定的消费者，有居住流动经历的消费者对他乡农产品地理标志的品牌偏好更高。

7.2 居住流动性与他乡地方认同

地方认同是环境心理学领域的一个重要概念，表征的是人与地方的联系。普罗夏斯基（Proshansky，1978）将地方认同概念化为"客观世界社会化的自我"，是指自我的一部分。它既指代个体进行自我分类的认知结构，又包含人对地方的归属感等情感联结和意义（庄春萍和张建新，2011）。从地方交互的视角来看，人在与地方长期持续互动的过程中有意识或无意识地形成了地方认同（庄春萍和张建新，2011）。地方认同的形成同时受到与个体与环境相关的内外部综合因素的影响，既包括地方的物理环境要素又包括人与地方的意义建构和关联，并且在时空维度上呈现出动态建构性的特点（Wang and Chen，2015）。与此同时，个体也可以与未到达过的地方形成联结和依恋情感（刘卫梅和林德荣，2018），因为地方本身的人文历史文化与地区特性就能够吸引消费者，从而增强消费者积极的地方感和地方联结（Blake，2002）。

首先，在传统社会中，个体活动的地理范围有限，他们的本地认同较为突出，但是随着人口迁移活动的日益频繁，人们的地域身份建构也逐渐向更广泛的维度转化（Baumeister，1996）。例如，长期居住在一个波士顿市内的居民更可能把自己界定为波士顿人；而具有流动经历的人们则更可能将自我概念的边界扩展为美国公民，甚或世界公民（Gustafson，2009）。其次，大石等（Oishi et al.，2009）研究发现，来自流动国家（美国）的参与者比来自稳定国家（日本）的参与者对其他群体成员表现出更多认同。一方面，因为流动的消费者通过不断变化的生活经历，可以接触到新的想法、地点和文化，所以他们的自我意识很可能包括与当地以外的社区的联系（Wang et al.，2020）。另一方面，居住流动性能够提高消费者的全球认同显著度，而具有全球认同的消费者往往看到世界各地人们之间的相似之处而不是差异之处（Wang et al.，2020）。因此，具有流动经历的消费者更可能具备对外群体的包容性，进而对他乡形成更高程度的地方认同。

地方认同可以增强消费者对该地的旅游意愿、资源保护与环境责任行为等（Carrus et al.，2005；刘卫梅和林德荣，2018），即促使消费者对该地区本身以及与该地区密切相关的人和事产生积极响应。同时，地方认同是社会认同的一种表现形式，基于消费行为领域的研究，社会认同能够促进品牌认同的形成，并最终影响消费者的购买决策行为（Bagozzi and Dholakia，2006）。此外，对他乡的地方认同实质上是超越地区边界的外倾性和对不同区域文化的开放性，这些属性是消费者世界主义的前提和关键特征（Riefler and Diamantopoulos，2009），而持有世界主义观念的消费者更愿意接纳和尝试来自不同国家或地区的产品和服务，具有跨边界消费的倾向（Riefler and Diamantopoulos，2009；Bartsch et al.，2016）。由于农产品地理标志品牌明确地告知了产品的地理来源，其品牌联想与特定区域紧密联系在一起。因此，具有流动经历的消费者对他乡形成的地方认同将进一步促使他们对具有"他乡"地区表征的农产品地理标志品牌产生更高的偏好。综上所述，提出以下两个假设。

假设 7-2：相比于居住稳定的消费者，有居住流动经历的消费者对他乡的地方认同程度更高。

假设 7-3：居住流动性对他乡农产品地理标志品牌偏好的影响由消费者对他乡的地方认同中介。

7.3 区域形象的调节作用

区域形象的定义可以参考宏观意义上的原产国形象的概念，指某一地区总体上给人留下的整体印象，是一个人对一个区域所持有的描述性、推论性及信息性信念的总和（Martin and Eroglu，1993）。区域形象映射的地方特征较为广泛，融合了人们对区域内自然环境、人文历史、产业经济等多个层次的认知（马向阳等，2016）。作为一种综合评价，区域形象的具体内涵尚没有统一的界定，但在主流上区域形象可以划分为认知与情感两个维度。认知维度强调人们对一个地区经济运行、生活质量、工业科技发展等方面的客观知识；情感维度强调人们对这个地区的政府、社会文化和当地人民等方面的情感性反应（Li et al.，2014）。此外，自然形象和人文形象也是原产国形象维度分解的重要方向，且对食品类产品评价有显著影响（朱战国和李子键，2017）。因此，考虑到大部分地理标志产品属于可食用农产品，本章研究在参考以往文献的基础上，采用地区经济信念、人民情感、自然环境与人文历史四个具体维度来综合反映区域形象（Laroche et al.，2005；朱战国和李子键，2017；许峰和李帅帅，2018）。

以往研究表明，良好的区域形象可以缩小消费者与该地区的心理距离（许峰和李帅帅，2018），提高消费者对该地区的地方认同感与地方归属感等情感联结（刘卫梅和林德荣，2018），对消费者品牌购买意愿与评价具有促进作用（Laroche et al.，2005；朱战国和李子键，2017）。因此，居住流动性对他乡地理标志品牌偏好的影响可能会受到区域形象感知的调节。只有当一个地区给人保留良好的地方印象时，才会促进有居住流动经历的消费者形成对该地区的地方认同和地理标志品牌偏好，而一旦消费者对该区域形象感知较差，则难以认同该地区，进而减少对来源于该地区的地理标志品牌的偏好。据此，提出以下假设：

假设7-4：区域形象正向调节居住流动性对他乡地方认同的影响。

假设7-5：区域形象正向调节居住流动性对他乡农产品地理标志品牌偏好的影响。

综上所述，本章研究构建了关于消费者居住流动性、区域形象、他乡地方认同与他乡农产品地理标志品牌偏好的研究模型，如图7-1所示。

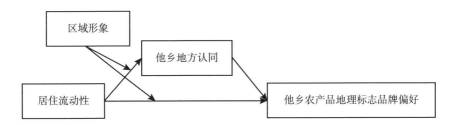

图7-1 他乡农产品地理标志品牌偏好驱动机理的研究模型
资料来源：笔者整理绘制。

7.4 研究设计

7.4.1 研究对象：湖北省农产品地理标志品牌

本章研究以湖北省农产品地理标志品牌为研究对象。湖北省具有丰富的地理标志资源，地理标志登记注册规模较大。首先，依据全国农产品地理标志查询系统的数据，截至2022年底，湖北省农产品地理标志登记公示的农产品保护数量共计 197 项，居于全国前列；地理标志作为集体商标、证明商标在湖北省的累计注册量为 517 个，湖北省地理标志保护产品累计批准量为 165 个，居于全国前三名。其次，湖北省在地理位置上具有天然的优势，其处于华中核心地带，具有"九省通衢"之称，与全国各地的消费者之间的空间距离是相对均衡的。因此，本章研究对象以湖北省品牌地理标志作为"他乡"品牌进行调查研究是适当的，同时，调查结论对于扩展湖北省农产品地理标志品牌的市场容量、推动湖北省农产品地理标志品牌"走出去"具有直接的实践参考意义。

7.4.2 问卷设计与变量测量

调查问卷由主题导引、构念测量题项和人口基本统计信息三个部分构成。在主题导引部分，首先，告知受访者地理标志的含义，然后请受访者填写其所有知晓的湖北省农产品地理标志品牌以测量消费者的相关知识。其次，请受访者回答其对湖北省农产品地理标志品牌的整体购买意愿、湖北省地方认同和湖北省区域形象感知。购买意愿能在一定程度上反映消费者的品牌偏好，其测量语项参考科伊尔和托森（Coyle and Thorson，2001）的购买意愿量表，地方认同的测量语项参考埃尔南德斯等（Hernández et al.，2007）的地方认同量表和涂等（Tu et al.，2012）的全球—本地认同量表，区域形象的测量语项参考拉罗什等（Laroche et al.，2005）的原产国形象量表与许峰和李帅帅（2018）的目的地形象量表，设定了包含地区经济信念、人民情感、自然环境与人文历史的 8 条语项。以上测量均采用李克特 7 点量表。在人口基本统计信息部分，除了受访者性别、年龄、受教育程度、家庭平均年收入之外，还请受访者填写了他们的籍贯所在省市、现居地所在省市和在现居地居留年限以分析受访者的居住流动经历。

7.4.3 样本数据描述性分析

由于研究目的在于探索消费者居住流动性对他乡农产品地理标志品牌购买意愿的影响与内在机制，并且本章选取了湖北省农产品地理标志品牌作为研究对象，因此，调查须面向非湖北人。于是，调查地点选取了四川省成都市、广东省广州市、山东省济南市和青岛市，以尽可能广地覆盖多样化区域。调研时间为 2020 年 8 月和 2021 年 5 月，调研数据通过课题组街头拦截调查与专业网络调研公司线上调查收集，共收回问卷452 份，剔除回答不认真、重要观测值缺失或年龄低于 16 岁等其他不符合要求的无效问卷后，最终有效问卷为 433 份，有效回收率为 95.8%。有效样本的基本描述性统计如表 7 - 1 所示。

表 7 - 1　　　　　　　　　调查样本基本情况统计

指标	基本情况	频次 (n)	有效百分比（%）	指标	基本情况	频次 (n)	有效百分比（%）
居住流动性	无流动经历	158	36.5	年龄	16（含）~25 岁	164	37.9
	有流动经历	275	63.5		25（含）~35 岁	202	46.7
	总计	433	100.0		35（含）~45 岁	45	10.4
性别	男	183	42.3		45（含）~55 岁	20	4.6
	女	250	57.7		55 岁及以上	2	0.5
	总计	433	100.0		总计	433	100.0
受教育程度	小学及以下	3	0.7	地理标志知识	完全不了解	171	39.5
	初中	8	1.9		了解 1 个	158	36.5
	高中或中专	37	8.6		了解 2 个	67	15.5
	大专	71	16.6		了解 3 个	26	6
	本科	262	61.2		了解 4 个及以上	11	2.5
	研究生及以上	47	11.0		总计	433	100.0
	总计	428	100.0				

指标	基本情况	频次（n）	有效百分比（%）	指标	基本情况	频次（n）	有效百分比（%）
家庭平均年收入	5 万元及以下	36	9.3	在现居地居留年限	5 年及以下	122	28.2
	5 万（不含）~10 万元	100	25.9		5（不含）~10 年	60	13.9
	10 万（不含）~20 万元	154	39.9		10（不含）~15 年	30	6.9
	20 万（不含）~30 万元	53	13.7		15（不含）~20 年	68	15.7
	30 万元以上	43	11.1		20（不含）~25 年	64	14.8
	总计	386	100.0		25（不含）~30 年	50	11.5
					30 年以上	39	9.0
					总计	433	100.0

资料来源：笔者根据调查数据计算整理。

有效样本的基本描述如下：男性共 183 名，占总人数的 36.5%，女性共 275 名，占总人数的 63.5%；受访者的年龄大都分布在 25 岁以下和 25~35 岁，人数依次为 164 名和 202 名，分别占总人数的 37.9% 和 46.7%；受访者的受教育程度以本科学历为主，人数为 262 名，占比 61.2%；受访者的家庭平均年收入集中在 5 万（不含）~10 万元和 10 万（不含）~20 万元的区间段中，人数依次为 100 名和 154 名，分别占比 25.9% 和 39.9%。总体而言，受访者对湖北省农产品地理标志品牌的知晓个数普遍较少，其中，171 名受访者对此完全不了解，占总人数的 39.5%，158 名受访者了解 1 个湖北省农产品地理标志品牌，占总人数的 36.5%，剩余 104 名受访者了解 2~5 个湖北省农产品地理标志品牌，占总人数的 24.0%；受访者在现居地的居留年限分布较为分散，15 年及以下占比 52.1%，15 年以上占比 47.9%，但在现居地居留 5 年及以下的受访者人数最多，数量达 122 名，占总人数的 28.2%，这一时间段符合人们在外求学或工作的一般特征。此外，参考王等（Wang et al. , 2020）研究中的居住流动性二分类标准，当受访者在现居地居留年限与自身年龄相当时，即受访者一直居留在自己的家乡城市，将其界定为居住稳定的消费者，当受访者在现居地居留年限小于自身年龄时，说明受访者有过去其他城市或省份流动居住的经历，将其界定为有居住流动经历的消费者。其中，居住稳定的消费者人数为 158 名，占总人数的 36.5%，有居住流动经历的消费者人数为 275 名，占总人数的 63.5%。

消费者所了解的农产品地理标志品牌数量体现了他们的地理标志知识，同时也可以表达他们对湖北省农产品地理标志品牌的了解程度。据此，采用单因素方差分析推断湖北省农产品地理标志品牌知识的外群体分布特征，具体如表 7 - 2 所示。样本数据显示，外群体消费者对湖北省农产品地理标志品牌的了解程度与群体的部分特征具有一定相关性。有居住流动经历的受访者比居住稳定的受访者更了解湖北省农产品地理标志品牌（$M_{稳定} = 0.83, SD = 0.97; M_{流动} = 1.03, SD = 1.04; F(1,431) = 4.047, p < 0.05$）。男性受访者与女性受访者对湖北省农产品地理标志品牌的了解程度没有显著差异（$M_{男} = 0.93, SD = 0.97; M_{女} = 0.98, SD = 1.05; F(1,431) = 0.265, p = 0.607$）。受访者的受教育程度与地理标志知识没有显著相关性（$F(5,422) = 0.594, p = 0.704$），即各个受教育层次的受访者对湖北省农产品地理标志品牌的了解程度相差不大。受访者所在的年龄段与地理标志知识有显著相关性（$F(4,428) = 7.263, p < 0.001$），其中 45（含）~ 55 岁的受访者对湖北省农产品地理标志品牌的了解程度最高，而 16（含）~ 25 岁的受访者的地理标志知识最少。受访者所在的家庭平均年收入也与地理标志知识有显著相关性（$F(5, 427) = 4.361, p < 0.01$），随着家庭平均年收入的增长，消费者对对湖北省农产品地理标志品牌的了解程度增加。最后，受访者在现居地的居留年限与地理标志知识没有显著相关性（$F(6,426) = 1.312, p = 0.250$），即当前居留年限并不影响受访者对湖北省农产品地理标志品牌的了解程度。

表 7 – 2　　　湖北省农产品地理标志品牌知识的外群体分布特征

指标	基本情况	地理标志知识（n）	频次（n）	指标	基本情况	地理标志知识（n）	频次（n）
居住流动性	无流动经历	0.83	158	性别	男	0.93	183
	有流动经历	1.03	275		女	0.98	250
	总计	0.96	433		总计	0.96	433
受教育程度	小学及以下	1.00	3	年龄	16（含）~25 岁	0.69	164
	初中	1.38	8		25（含）~35 岁	1.10	202
	高中或中专	0.97	37		35（含）~45 岁	0.96	45
	大专	1.08	71		45（含）~55 岁	1.75	20
	本科	0.91	262		55 岁及以上	1.00	2
	研究生及以上	0.94	47		总计	0.96	433
	总计	0.96	428				
家庭平均年收入	5 万元及以下	0.67	36	在现居地居留年限	5 年及以下	0.86	122
	5 万~10 万元	0.86	100		5（不含）~10 年	1.07	60
	10 万~20 万元	0.97	154		10（不含）~15 年	1.20	30
	20 万~30 万元	1.40	53		15（不含）~20 年	0.90	68
	30 万元以上	1.21	43		20（不含）~25 年	0.78	64
	总计	1.00	386		25（不含）~30 年	1.08	50
					30 年以上	1.15	39
					总计	0.96	433

资料来源：笔者根据调查数据计算整理。

7.5　实证检验与结果分析

7.5.1　量表信度与效度检验

运用 SPSS 22.0 软件对调研数据进行信效度检验。量表的信度检验的结果如表 7 – 3 所示。购买意愿、地方认同和区域形象的 *Cronbach's α* 值分别为 0.874、0.805 和 0.885，均在 0.8 以上，高于建议值 0.7，表明测量语项内部一致性较好；各变量的组合信度（*CR*）分别为 0.915、0.872 和 0.911，均在 0.9 以上，高于建议值 0.7，表明各变量的组合信度较高。其次，购买意愿、地方认同和区域形象的 *KMO* 取样适切性量数分别为 0.791、0.744 和 0.871，说明本章研究的样本量较为充分；且各变量的 *Bartlett* 球形检验结果均达到显著水平，可以利用主成份分析法作因子分析，未旋转的因子分析结果均只提取出一个公因子，各变量的累计方差贡献率分别达到 72.861%、63.126% 和 56.239%，说明本章研究量表的信度较好。

表 7 – 3 　　　　　　　　　　　量表信度检验结果

变量名	观测数目	*KMO*	*Bartlett* 的球形度检验	累积方差贡献率/%	*Cronbach's α*	*CR*	*AVE*
购买意愿	4	0.791	911.911	72.861	0.874	0.915	0.729
地方认同	4	0.744	581.198	63.126	0.805	0.872	0.631
区域形象	8	0.871	1788.928	56.239	0.885	0.911	0.562

资料来源：笔者根据调查数据计算整理。

收敛效度和区分效度检验。首先，采用验证性因子分析，结果如表 7 – 4 所示，所有测量语项的标准化因子载荷值均超过 0.6，相关系数在 $p < 0.001$ 的水平上显著，且各变量的平均提取方差（*AVE*）分别为 0.729、0.631 和 0.562，均大于建议值 0.5，满足收敛效度的要求；其次，比较 *AVE* 平方根和相关系数间的关系，检验结果如表 7 – 5 所示，各变量的 *AVE* 平方根均大于该变量与其他变量的相关系数，表明量表的区分效度较好（Fornell and Larcker, 1981）。综上所述，本章研究的测量量表具有良好的可靠性、收敛效度和区分效度。

表 7 – 4 　　　　　　　　　　　各变量测量及因子载荷

变量名	测量语项	因子载荷
购买意愿	我会购买湖北省农产品地理标志品牌	0.825
	我会尝试湖北省农产品地理标志品牌	0.878
	当需要地方特产时，我愿意购买湖北省农产品地理标志品牌	0.839
	我愿意向亲朋好友推荐湖北省农产品地理标志品牌	0.871

续表

变量名	测量语项	因子载荷
地方认同	我感到自己是湖北省的一份子	0.804
	我对湖北省倾注了家乡情感	0.847
	我关注湖北省发生的事情	0.783
	湖北省的人和事让我有亲切感	0.740
区域形象	湖北省的经济水平高	0.643
	湖北省的产品总体质量好	0.798
	湖北省人是诚实可靠的	0.776
	湖北省人的口碑不错	0.822
	湖北省的地理条件独特	0.718
	湖北省的自然环境良好	0.778
	湖北省的文化有吸引力	0.781
	湖北省的历史文化资源丰富	0.664

资料来源：笔者根据调查数据计算整理绘制。

表 7 - 5　　　　　　区分效度检验结果

变量	购买意愿	地方认同	区域形象
购买意愿	**0.854**		
地方认同	0.585 **	**0.794**	
区域形象	0.659 **	0.587 **	**0.750**

注：** 表示显著性 p < 0.01；对角线上字体加粗的数值为 AVE 值的平方根，对角线下方字体未加粗的数值为变量间相关系数。

资料来源：笔者根据调查数据计算整理绘制。

7.5.2　共同方法偏差检验

为控制共同方法偏差，首先，本章研究在问卷收集过程中告知受访者匿名填写问卷，答案无对错之分，以鼓励其如实作答。其次，研究采用哈曼单因素法检验测量量表的共同方法偏差，对所涉因变量、中介变量和调节变量作未旋转的探索性因子分析，提取方法为主成份分析。因子分析结果如表 7 - 6 所示，第一个因子的方差解释率为 47.15%，低于临界值 50%，表明数据的共同方法偏差是可被接受的。最后，购买意愿和地方认同的相关系数为 0.585，购买意愿和区域形象的相关系数为 0.659，地方认同和区域形象的相关系数为 0.587，各变量之间的相关系数均在 0.7 以下，低于临界值 0.9，表明数据的共同方法偏差不严重。

表 7-6　　　　　　　　　　量表总方差解释

测量指标	初始特征值			提取载荷平方和		
	总计	方差百分比（%）	累积百分比（%）	总计	方差百分比（%）	累积百分比（%）
1	7.544	47.147	47.147	7.544	47.147	47.147
2	1.454	9.090	56.237	1.454	9.090	56.237
3	1.252	7.825	64.062	1.252	7.825	64.062
4	0.910	5.685	69.747			
5	0.734	4.587	74.334			
6	0.678	4.238	78.573			
7	0.525	3.282	81.854			
8	0.510	3.188	85.042			
9	0.416	2.598	87.641			
10	0.361	2.257	89.898			
11	0.350	2.187	92.085			
12	0.311	1.945	94.030			
13	0.298	1.865	95.895			
14	0.261	1.634	97.529			
15	0.219	1.368	98.897			
16	0.177	1.103	100.000			

资料来源：笔者根据调查数据计算整理。

7.5.3　假设检验分析结果

首先，参考王等（Wang et al.，2020）研究中的居住流动性二分类标准，按照是否有过流动经历将居住流动性分为居住流动组与居住稳定组，然后采用方差分析描述与比较不同居住流动性情境下的受访者对他乡的地方认同和对他乡农产品地理标志品牌的购买意愿等核心变量。不同分组下核心变量的描述性统计如表 7 - 7 所示。

表 7 - 7　　　　　　　不同居住流动性情境下的核心变量均值

组别	他乡地方认同	他乡地理标志品牌购买意愿	区域形象	地理标志知识（个）	现居住地居留年限（年）
居住稳定组	3.81（1.14）	4.71（1.11）	5.20（0.86）	0.83（0.97）	26.40（7.04）
居住流动组	4.42（1.24）	5.12（1.14）	5.33（0.91）	1.03（1.04）	9.48（8.26）
方差分析 F 值	25.239 ***	13.020 ***	2.095	4.047 *	467.739 ***

注：*** 、 * 分别代表在 0.001、0.05 水平上显著；表中括号外（内）的数字为均值（标准差）。

资料来源：笔者根据调查数据计算整理。

方差分析结果显示，相对于居住稳定组，居住流动组的受访者对他乡的地方认同程度更高（$M_{稳定} = 3.81, SD = 1.14; M_{流动} = 4.42, SD = 1.24; F(1,431) = 25.239, p < 0.001$），对他乡农产品地理标志品牌的购买意愿更高（$M_{稳定} = 4.71, SD = 1.11; M_{流动} = 5.12, SD = 1.14; F(1,431) = 13.020, p < 0.001$），对他乡的农产品地理标志知识更丰富（$M_{稳定} = 0.83, SD = 0.97; M_{流动} = 1.03, SD = 1.04; F(1,431) = 4.047, p < 0.05$），在现居地居留年限更短（$M_{稳定} = 26.40, SD = 7.04; M_{流动} = 9.48, SD = 8.26; F(1,431) = 467.739, p < 0.001$）。但是居住稳定组与居住流动组的受访者对他乡的区域形象感知没有显著差异（$M_{稳定} = 5.20, SD = 0.86; M_{流动} = 5.33, SD = 0.91; F(1,431) = 2.095, p = 0.149$）。

7.5.4 假设检验

本章研究使用 SPSS 22.0 软件，将居住流动性编码为虚拟变量（0 = 居住稳定群体，1 = 居住流动群体），将受教育程度转化为相应受教育年限近似数（按照现行学制为受教育年数计算人均受教育年限，即小学6年，初中9年，高中12年，大专及本科按16年计算，研究生及以上按19年计算），应用层次回归分析方法检验假设7-1~假设7-5。检验结果如表7-8所示。

表7-8　他乡农产品地理标志品牌偏好驱动机理的层次回归分析结果

变量	他乡地理标志品牌购买意愿	他乡地方认同	他乡地理标志品牌购买意愿	他乡地方认同	他乡地理标志品牌购买意愿
	模型1	模型2	模型3	模型4	模型5
常数项	4.739 *** (0.579)	4.726 *** (0.651)	2.391 *** (0.513)	3.949 *** (0.525)	3.960 *** (0.428)
居住流动性	0.296 * (0.119)	0.593 *** (0.133)	0.012 (0.094)	0.533 *** (0.107)	0.233 ** (0.087)
他乡地方认同			0.497 *** (0.038)		
区域形象				0.474 *** (0.098)	0.468 *** (0.080)
居住流动性 × 区域形象				0.371 ** (0.114)	0.383 *** (0.093)
性别	−0.075 (0.113)	−0.174 (0.127)	0.012 (0.094)	−0.124 (0.102)	−0.024 (0.083)
年龄	−0.001 (0.008)	−0.020 * (0.009)	0.009 (0.006)	−0.009 (0.007)	0.010 (0.006)
受教育年限	−0.004 (0.030)	−0.010 (0.034)	−0.001 (0.025)	0.024 (0.027)	0.031 (0.022)
家庭平均年收入	0.002 (0.003)	0.010 (0.003)	0.002 (0.002)	0.000 (0.003)	0.001 (0.002)
地理标志知识	0.254 *** (0.055)	0.082 (0.062)	0.213 *** (0.046)	−0.049 (0.051)	0.122 ** (0.041)
ΔR^2	0.065	0.054	0.355	0.392	0.495
F	5.371 ***	4.586 ***	30.878 ***	31.632 ***	47.482 ***

注：*** 、** 、* 分别代表在0.001、0.01和0.05水平上显著；括号外（内）的数字为系数（标准误差）。

资料来源：笔者根据调查数据计算整理。

（1）居住流动性对他乡农产品地理标志品牌购买意愿的主效应：以居住流动性为自变量、他乡农产品地理标志品牌购买意愿为因变量，以受访者性别、年龄、受教育年限、家庭平均年收入和地理标志知识为协变量进行回归分析，分析结果如模型1所示，居住流动性对他乡农产品地理标志品牌购买意愿存在显著正向影响（$\beta = 0.296, p < 0.05$）。该结果说明，相对于居住稳定的消费者，有居住流动经历的消费者对他乡农产品地理标志品牌购买意愿更高，验证假设7-1。

（2）他乡地方认同的中介效应：以居住流动性为自变量、他乡地方认同为因变量，纳入相关协变量进行回归分析，分析结果如模型2所示，居住流动性对他乡地方认同存在显著正向影响（$\beta = 0.593, p < 0.001$），说明相对于居住稳定的消费者，有居住流动经历的消费者对他乡的地方认同程度更高，验证假设7-2。进一步，同时将居住流动性和他乡地方认同作为自变量、他乡农产品地理标志品牌购买意愿作为因变量，纳入相关协变量进行回归分析，结果如模型3所示，他乡地方认同对他乡农产品地理标志品牌购买意愿具有显著正向影响（$\beta = 0.497, p < 0.001$），而居住流动性对他乡农产品地理标志品牌购买意愿不存在显著影响（$\beta = 0.001, p = 0.985$）。该结果表明，居住流动性对他乡农产品地理标志品牌购买意愿的影响完全被他乡地方认同中介，验证了假设7-3。中介机制如图7-2所示。

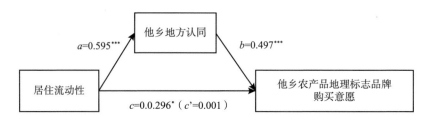

图7-2 居住流动性对他乡农产品地理标志品牌购买意愿的中介影响机制
资料来源：笔者根据调查数据计算整理绘制。

（3）区域形象的调节效应：参照海耶斯（Hayes，2013）调节效应检验方法，将区域形象进行中心化处理，然后将居住流动性、中心化的区域形象和二者交互项作为自变量，将他乡地方认同作为因变量，纳入相关协变量进行回归分析，分析结果如模型 4 所示，居住流动性（$\beta = 0.533, p < 0.001$）和区域形象（$\beta = 0.474, p < 0.001$）对他乡地方认同均具有显著正向影响，居住流动性和区域形象的交互项的回归系数也显著提高，且为正值（$\beta = 0.371, p < 0.01$）。模型 5 结果显示，居住流动性（$\beta = 0.233, p < 0.01$）和区域形象（$\beta = 0.468, p < 0.001$）对他乡农产品地理标志品牌购买意愿均具有显著正向影响，居住流动性和区域形象的交互项的回归系数也显著，且为正值（$\beta = 0.383, p < 0.001$）。这说明区域形象正向调节居住流动性与他乡地方认同、他乡农产品地理标志品牌购买意愿之间的正向关系，验证假设 7 – 4 和假设 7 – 5。

（4）居住流动性和区域形象对农产品地理标志品牌购买意愿的中介影响机制分析：以居住流动性为自变量，以他乡地方认同为中介变量，以他乡农产品地理标志品牌购买意愿为因变量，以区域形象为调节变量，以受访者性别、年龄、受教育年限、家庭平均年收入和地理标志知识为协变量，采用 Bootstrap 方法对有调节的中介效应模型（process 程序中的 model 7）进行分析。在 Bootstrap（重复有放回抽样）样本 5000 和 95% 置信区间的设置条件下，有调节的中介效应分析结果如表 7 – 9 所示。数据结果显示，当区域形象为 4.447（mean – SD）时，他乡地方认同在居住流动性与他乡农产品地理标志品牌购买意愿之间发挥的中介效应并不显著（间接效应大小为 0.092，LLCI = – 0.0575，ULCI = 0.2487，包含 0）；当区域形象为 6.197（mean + SD）时，他乡地方认同在居住流动性与他乡农产品地理标志品牌购买意愿之间发挥显著的中介作用（间接效应差异为 – 0.454，LLCI = 0.2825，ULCI = 0.6548，不包含 0）。总体而言，他乡地方认同的中介效应是显著的（间接效应差异为 – 0.207，LLCI = 0.0737，ULCI = 0.3527，不包含 0）。这个数据结果说明区域形象对居住流动性和他乡农产品地理标志品牌购买意愿之间关系的调节是通过他乡地方认同中介的。

表7-9 居住流动性和区域形象对他乡农产品地理标志品牌购买意愿的中介影响机制分析

变量		$R^2 = 0.3669$, $F = 30.882$ ***			
	自变量	β	se	t	p
结果变量：他乡农产品地理标志品牌购买意愿（Y）	常数项（C）	2.391	0.513	4.659	0.000
	居住流动性（X）	0.001	0.101	0.005	0.996
	他乡地方认同（M）	0.497	0.038	13.016	0.000
	性别	0.011	0.094	0.124	0.901
	年龄	0.009	0.007	1.448	0.148
	受教育年限	0.001	0.025	0.054	0.957
	家庭平均年收入	0.001	0.002	0.518	0.605
	地理标志知识	0.213	0.046	4.661	0.000
X对Y的直接效应		*Effect*	*SE*	LLCI	ULCI
		0.001	0.101	-0.1983	0.1994
在调节变量不同水平值上，X对Y有调节的间接效应	中介变量：地方认同（M）	*Effect*	*Boot SE*	BootLLCI	BootULCI
	区域形象处于均值-1倍方差时（W=4.447）	0.092	0.078	-0.0575	0.2487
	区域形象处于均值时（W=5.322）	0.273	0.060	0.1635	0.4064
	区域形象处于均值+1倍方差时（W=6.197）	0.454	0.095	0.2825	0.6548
有调节的间接效应指数	中介变量	*Index*	*SE(Boot)*	BootLLCI	BootULCI
	地方认同（M）	0.207	0.0710	0.0737	0.3527

注：LLCI=95%置信区间下限；ULCI=95%置信区间上限。
资料来源：笔者根据调查数据计算整理绘制。

7.5.5 稳健性检验

上述假设检验过程将居住流动性设定为"从未流动"和"有过流动"

二分类变量，为了进一步检验模型的稳健性，将消费者在现居地的居留年限替换居住流动性二分类变量重复假设检验程序。因为对于一般消费者而言，在现居地居留年限越长表示现阶段居住流动性越低。层次回归分析结果如表 7－10 所示。总体来看，替换核心变量后的回归结果与表 7－7 的结果基本一致。具体的数据分析结果如下：

表 7－10　他乡农产品地理标志品牌偏好驱动机理的稳健性检验结果

变量	他乡地理标志品牌购买意愿	他乡地方认同	他乡地理标志品牌购买意愿	他乡地方认同	他乡地理标志品牌购买意愿
	模型 7	模型 8	模型 9	模型 10	模型 11
常数项	4.817*** (0.579)	4.891*** (0.643)	2.340*** (0.515)	3.682*** (0.529)	3.902*** (0.437)
现居地居留年限	−0.012* (0.005)	−0.031*** (0.006)	0.004 (0.005)	−0.292*** (0.054)	−0.069 (0.045)
他乡地方认同			0.506*** (0.039)		
区域形象				0.716*** (0.053)	0.726*** (0.044)
现居住地居留年限×区域形象				−0.103* (0.050)	−0.129** (0.042)
性别	−0.078 (0.113)	−0.167 (0.126)	0.006 (0.094)	−0.123 (0.102)	−0.034 (0.084)
年龄	0.008 (0.008)	0.001 (0.009)	0.007 (0.007)	0.008 (0.007)	0.015* (0.006)
受教育年限	0.000 (0.030)	−0.004 (0.033)	−0.002 (0.025)	0.032 (0.027)	0.037 (0.022)
家庭平均年收入	0.002 (0.003)	0.001 (0.003)	0.001 (0.002)	−0.000 (0.003)	0.001 (0.002)
地理标志知识	0.261*** (0.055)	0.096 (0.061)	0.212*** (0.046)	−0.037 (0.051)	0.127** (0.042)
ΔR^2	0.061	0.073	0.356	0.390	0.479
F	5.111***	5.976***	31.073***	31.372***	44.611***

注：***、**、*分别代表在 0.001、0.01 和 0.05 水平上显著；括号外（内）的数字为系数（标准误差）。

资料来源：笔者根据调查数据计算整理绘制。

（1）现居地居留年限对他乡农产品地理标志品牌购买意愿的主效应：以现居地居留年限为自变量、他乡农产品地理标志品牌购买意愿为因变量，以受访者性别、年龄、受教育年限、家庭平均年收入和地理标志知识为协变量进行回归分析，分析结果如模型 1 所示，现居地居留年限对他乡农产品地理标志品牌购买意愿存在显著负向影响（$\beta = -0.012, p < 0.05$）。该结果说明，消费者在现居地居留的年限越长，即居住状态越稳定，对他乡农产品地理标志品牌购买意愿越低，反过来，消费者在现居地居留的年限越短，即居住状态越不稳定，对他乡农产品地理标志品牌购买意愿越高，该结果再次验证假设 7-1。

（2）他乡地方认同的中介效应：以现居地居留年限为自变量、他乡地方认同为因变量，纳入相关协变量进行回归分析，分析结果如模型 8 所示，现居地居留年限对他乡地方认同存在显著负向影响（$\beta = -0.031, p < 0.001$），该结果说明，消费者在现居地居留的年限越长，即居住状态越稳定，对他乡地方认同程度越低，反过来，消费者在现居地居留的年限越短，即居住状态越流动，对他乡地方认同程度越高，该结果再次验证假设 7-2。进一步，同时将现居地居留年限和他乡地方认同作为自变量、他乡农产品地理标志品牌购买意愿作为因变量，纳入相关协变量进行回归分析，结果如模型 9 所示，他乡地方认同对他乡农产品地理标志品牌购买意愿具有显著正向影响（$\beta = 0.506, p < 0.001$），而现居地居留年限对他乡农产品地理标志品牌购买意愿不存在显著影响（$\beta = 0.004, p = 0.354$）。该结果表明，居住流动性对他乡农产品地理标志品牌购买意愿的影响完全被他乡地方认同中介控制，再次验证了假设 7-3。

（3）区域形象的调节效应：参照海耶斯（Hayes，2013）调节效应检验方法，将现居地居留年限和区域形象进行中心化处理，然后将中心化的现居地居留年限、中心化的区域形象和二者交互项作为自变量，将他乡地方认同作为因变量，纳入相关协变量进行回归分析，分析结果如模型 10 所示，现居地居留年限（$\beta = -0.292, p < 0.001$）和区域形象（$\beta = 0.716, p < 0.001$）对他乡地方认同均具有显著影响，现居地居留年限和区域形象的交互项的回归系数也显著（$\beta = -0.103, p < 0.05$）。模型 11 结果显示，现居地居留年限对他乡农产品地理标志品牌购买意愿不存在显著影响（$\beta = -0.069, p = 0.125$），区域形象对他乡农产品地理标志品牌购买意愿具有显著影响（$\beta = 0.726, p < 0.001$），而现居地居留年限和区域形象的交互项对他乡农产品地理标志品牌购买意愿具有显著影响（$\beta = -0.129, p < 0.01$）。该结果说明区域形象调节了居住流动性与他乡地方认同、他乡农产品地理标志品牌购买意愿之间的正向关系，再次验证假设 7-4 和假设 7-5。综上所述，稳健性检验再次验证了假设 7-1～假设 7-5。

7.6 本章小结

消费者与农产品地理标志品牌的地缘关系是影响其偏好的核心因素之一，前面章节从"家乡"与"近乡"的视角为农产品地理标志品牌巩固与拓展品牌内群体提供了理论参考，但还缺乏对外群体农产品地理标志品牌偏好驱动路径的相关研究。本章基于人口频繁流动的社会背景，采用调查法收集了 433 份有效问卷，探讨了消费者居住流动性对"他乡"农产品地理标志品牌偏好的影响及其作用机理。结果表明，居住流动性正向促进消费者对他乡农产品地理标志品牌的购买意愿和对他乡的地方认同；他乡地方认同在居住流动性和他乡农产品地理标志品牌购买意愿之间发挥中介作用；区域形象正向调节居住流动性对他乡地方认同和他乡农产品地理标志品牌购买意愿的影响。本章的研究结论能够为农产品地理标志品牌市场容量扩张和乡村振兴提供参考。

CHAPTER
EIGHT

第**8**章

研究结论、启示、局限及展望

8.1 总体研究结论

　　本章研究基于农产品地理标志品牌独特的地域关联属性，创新性地将消费者与农产品地理标志品牌之间的地缘关系划分为"家乡""近乡""他乡"三个层次的相对概念，分别构建消费者对家乡、近乡和他乡农产品地理标志品牌偏好的驱动机理模型，并综合运用调查法与实验法进行实证检验。首先，依据社会认同理论和地方认同理论，构建了地域群体身份对农产品地理标志的品牌偏好的影响模型；其次，立足于人口频繁流动的社会现状，从个体地域流动异质性情境的角度提出了空间流动距离与居住流动经历等相关概念，依据社会认同理论和解释水平理论，分别构建了消费者离家空间距离对近乡农产品地理标志品牌偏好的影响模型以及消费者居住流动性对他乡农产品地理标志品牌偏好的影响模型。本书的主要研究结论有：

　　第一，农产品地理标志品牌偏好存在显著的内外群体偏差效应，地方认同在这种效应中发挥中介作用。根据社会认同理论，人们通过自我分类和群际比较，划分内外群体，并且形成了不对称的内外群体偏差效应（Hewstone et al.，2002）。地域是人们进行自我分类常见的参照标准，与生俱来的籍贯赋予人们地域群体身份的构建基础。由于农产品地理标志品牌明确而具体地揭示了产品与产地的关联性，将潜在消费者与特定区域紧密连接起来，可以激活那些来源于同一地区的消费者的自我认同感（Panzone et al.，2016）和自豪感（Ayşegül，2012）等。因此，相对于非家乡群体成员时，籍贯归属于品牌来源地的家乡群体成员对该农产品地理标志的品牌偏好更高。地方认同在消费者地域群体身份对地理标志农产品偏好的影响中发挥中介作用。具体而言，相对于非家乡群体成员而言，家乡群体成员对该地域的地方认同感更强烈，进而更偏好来源于该地域的农产品地理标志品牌。

第二，地域群体身份对地方认同和农产品地理标志品牌偏好的影响受到消费者—品牌空间位置关系调节。当前中国社会正在经历快速现代化转型，人们比以前更频繁地更换住所以追求更好的工作机会或者生活质量，这催生了大量的旅居者群体。他们对旅居地的地方认同会伴随其居住经历得到提升（雷开春，2008）。这种通过与地方直接的空间互动提升的地方认同感能够增加非家乡群体成员对该地区农产品地理标志的品牌偏好。因此，社会维度的地域群体身份与消费者—品牌空间位置同时通过地方认同影响消费者对农产品地理标志的品牌偏好。且相比于消费者—品牌空间位置不一致的情况，在消费者—品牌空间位置一致的情况下，地域群体身份对地方认同和农产品地理标志品牌偏好的影响会变小。

第三，家乡边界具有可延展性。家乡身份既指代地理群体，又指代文化群体，家乡概念在个体认知中具有主观性和动态性，个体对家乡边界的认知常常视具体情境而定，而不是一成不变的。根据解释水平理论，空间距离通过调整个体的解释水平，并进一步影响对事物整体性的认知判断。当人们感知事件发生或客体存在的空间距离较远时，会启发个体强调抽象表征的高解释水平（Bar-Anan et al.，2006），此时人们会更加关注事物合意的、整体的和抽象的信息（Trope et al.，2007；Trope and Liberman，2010）。在流动社会背景下，离家空间距离近的消费者对家乡的联想启动低解释水平思维，会更关注家乡与相邻区域的具体特征和局部特征，强化了二者之间的差异性，从而更倾向于将家乡与相邻区域视为两个不同的地方；而离家空间距离远的消费者对家乡的联想启动高解释水平思维，会更关注家乡与相邻区域的抽象特征和整体特征，强化了二者之间的共同点和相似性，从而更倾向于与家乡相邻区域纳入广泛的家乡概念中，扩展了消费者主观认知当中的家乡内群体边界。

第四，离家空间距离能够通过扩展内群体边界提高消费者对近乡农产品地理标志的品牌偏好，但是区域文化差异性会抑制消费者内群体边界扩展的距离效应，进而影响近乡农产品地理标志品牌偏好的距离效应也受到减弱。相对于离家空间距离近的消费者，离家空间距离远的消费者内群体边界扩展程度更高，更愿意将近乡纳入更广泛的家乡概念中，从而增加对近乡农产品地理标志的品牌偏好程度，但这种效应的发生需要满足近乡与家乡文化具有同一性的条件。文化相似性能够为具有相似文化背景的人提供情感纽带（Chen et al.，2009），强化内群体偏向（Ma et al.，2012；Shi and Tang，2015）。区域文化差异性使群体认同产生隔阂，当消费者感知到近乡文化与家乡文化存在较大差异时，将难以把近乡纳入家乡内群体范围。因此，消费者对区域文化差异性的感知将会抑制消费者离家空间距离对内群体边界扩展的影响。区域文化差异性对这部分消费者的家乡内群体边界扩展将会产生更为明显的抑制效果，并进一步减弱近乡农产品地理标志品牌偏好的距离效应。

第五，有居住流动经历的消费者地域建构更广泛，对他乡的地方认同程度更高，从而对他乡农产品地理标志产生更高的品牌偏好，区域形象能够调节居住流动性对他乡地方认同和他乡农产品地理标志品牌偏好的影响。由于居住流动性能够提高人们的个体自我概念显著性，削弱集体自我概念的重要性，这使得有居住流动经历的消费者群体区分动机更弱，其地域建构的群体成员身份更为广泛；居住流动还增加了群际接触的体验，能够增强对其他群体的开放性和积极态度（Nesdale and Todd，2000），因此，消费者的居住流动性正向促进对他乡农产品地理标志的品牌偏好，即相对于居住稳定的消费者，有居住流动经历的消费者对他乡的地方认同程度更高，对他乡农产品地理标志的品牌偏好程度更高；此外，居住流动性正向促进消费者对他乡的地方认同，消费者对他乡的地方认同在居住流动性与他乡农产品地理标志品牌偏好之间的关系中起中介作用，即居住流动性越高的消费者对他乡的地方认同也越高，进而增加对他乡农产品地理标志的品牌偏好。此外，良好的区域形象可以缩小消费者与该地区的心理距离（许峰和李帅帅，2018），提高消费者对该地区的地方认同感与地方归属感等情感联结（刘卫梅和林德荣，2018），对消费者品牌购买意愿与评价具有促进作用（Laroche et al.，2005；朱战国和李子键，2017）。因此，居住流动性对他乡地理标志品牌偏好的影响可能会受到区域形象感知的调节。在区域形象感知水平高的情况下，他乡农产品地理标志品牌偏好受居住流动性影响的程度更大，在区域形象感知水平低的情况下，他乡农产品地理标志品牌偏好受居住流动性影响的程度较小。

8.2 研究启示

本书从消费者与农产品地理标志品牌的地缘关系视角出发，构建了消费者地域群体身份对农产品地理标志品牌偏好的影响模型、消费者离家空间距离对近乡农产品地理标志品牌偏好的影响模型，以及消费者居住流动性对他乡农产品地理标志品牌偏好的影响模型，并综合运用调查法与实验法进行实证检验，为"家乡""近乡""他乡"农产品地理标志品牌偏好的驱动机理及条件提供了较为系统的论述。在总结整体研究结论的基础上，本书意在提出巩固内群体、扩展内群体与吸引外群体的农产品地理标志品牌市场拓展路径和思路，以期为农产品地理标志品牌建设与市场容量扩展路径规划提供实践指导，使地理标志相关主体能更好地利用现有资源优势，采取更为科学的营销策略，获得更具竞争力和持续性的发展。

本书对农产品地理标志相关主体的营销启示主要有以下几点：

第一，农产品地理标志品牌在制定市场细分和市场定位策略时可以从消费者与农产品地理标志品牌的地缘关系上区分"家乡""近乡""他乡"关系，形成空间距离与社会距离二维交叉的营销情景，并进行差异化营销。首先，农产品地理标志品牌相关主体要从空间距离上区分本地市场与外地市场，由于家乡群体消费者对本地天然地具有更高程度的地方认同感和品牌偏好，因此，农产品地理标志品牌相关主体要重视本地市场。对于本地利基市场，需要细分"原住民""旅居者""移民者"等不同群体身份成员，有针对性地对不同地域群体成员实施差异化、精准化的营销诉求。具体而言，对于本地市场的"原住民"，即家乡群体成员，农产品地理标志品牌经营主体可采取乡愁营销与温暖沟通巩固内群体；其次，对于本地市场的"旅居者"或"移民者"等，即非家乡群体成员，地方政府部门可以通过加强社会支持政策和增加群体包容沟通等，使他们对本地的群体认同感得到提升，从而转化为对本地农产品地理标志品牌的认同度。

第二，农产品地理标志品牌想要进入外地市场扩大市场容量时，可以依据消费者与农产品地理标志品牌的乡缘关系，优先选择外地市场的"家乡人"群体，开展温暖诉求的营销活动。那些远离乡土而又眷念家乡的人们对产品的消费不仅以满足功能需求为目的，还具有深切的家乡情怀，而农产品地理标志作为地域乡土符号的化身，在一定程度上能够满足身在异乡的家乡人对于乡愁的渴望。因此，首先，农产品地理标志品牌经营主体可以依托"老乡"网络社群来锁定远方的老乡群体，通过采用乡愁诉求等策略来激发消费者对家乡的依恋情感，并优先激励在外地的"家乡人"对品牌进行口碑推荐与传播。这种做法不仅能有效促进品牌经营绩效，还能为消费者提供一个交流的平台，满足他们的归属感需求。其次，随着移动互联网的发展，电商平台能够获取用户的静态与动态地理位置信息，这为农产品地理标志品牌经营主体根据乡缘关系进行精准营销提供了可能。

第三，地方认同在农产品地理标志品牌偏好形成中扮演内在机制的重要作用，因此地理标志相关主体一方面要巩固本地消费者对本地的地方认同；另一方面要树立动态的地域身份建构与身份延展的观念，扩大农产品地理标志品牌的内群体边界，或者吸引外地消费者形成更开放的地方认同思维。针对漂泊在外的近乡群体，农产品地理标志品牌可以优先选择较远的区域作为目标市场。由于离家空间距离远的消费者家乡内群体边界扩展程度更高，会对近乡农产品地理标志品牌产生更显著的内群体偏好。这意味着，首先，当目标市场空间距离足够远时，农产品地理标志品牌的近乡群体会转化为内群体。相对于临近市场，在远方市场投入营销活动可以吸引更广泛的内群体消费者，从而促进产品销售和顾客口碑推荐。其次，在远方市场经营农产品地理标志品牌时，可以在产品沟通中采用更高解释水平的信息沟通方式来强调产品的地理来源，将产品来源定位为更高水平的空间尺度，以激发来源于产地周边地区消费者的内群体认同，提高销售绩效。此外，经营者仍然可以采用乡愁主题营销诉求来吸引近乡群体，因为乡愁的唤起可以激发消费者与家乡联结的愿望，进而有动力扩展内群体边界，增加对近乡农产品地理标志的品牌偏好。

第四，针对广泛分布的他乡群体，农产品地理标志品牌经营主体可以优先选择流动性高的外群体消费者作推广，以实现品牌绩效的较快增长。首先，因为有居住流动经历的消费者具备更高水平开放和好奇倾向（Park and Peterson，2010），更容易被他乡农产品地理标志吸引。而在具体实践中，经营者可以优先选择居住流动性高的城市或社区，或者依托在线移动平台的消费者地理位置动态信息进行智能化市场定位来识别居住流动性高的潜在消费者。其次，居住流动性是一个可以被操控的营销因素，在他乡推广农产品地理标志品牌时，可以通过凸显与流动性相关的广告即时唤起消费者的居住流动性感知，使得潜在消费者建立更广泛的身份认同，进而强化他们对他乡农产品地理标志品牌的接纳态度与购买意愿。

第五，区域文化差异性在塑造消费者群体边界时具有无法忽视的作用，这为农产品地理标志品牌通过个性化营销扩展内群体提供了一定的策略思路，也为区域文化营销提供了重要启示。虽然消费者对区域文化具有天然的感知，但文化相似性与文化差异性的感知容易受到外界刺激下的干扰。尽管塑造区域文化差异性，将区域文化特色融入进品牌内涵，能够提升品牌的可识别性，促进购买意愿的产生（俞燕和李艳军，2015；熊爱华等，2019），但是近乡文化与家乡文化的差异性却不利于消费者家乡内群体边界的扩展。因此，在对近乡群体进行营销沟通时，农产品地理标志品牌在传播区域文化时要充分考虑区域文化的空间地理属性，实施具有延展性和可变性的文化营销策略。通过扩展区域文化内涵的空间容量，塑造区域文化的公共可达性和兼容性，寻求文化价值观的共通点（田园子，2018），从而扩展消费者的家乡内群体边界，提高他们对品牌的亲近感知，将品牌近乡群体转化为品牌内群体。此外，对他乡群体的区域文化营销，应尽量避免农产品地理标志品牌文化的排他性定位，否则会降低近乡群体的文化认同与情感共鸣，从而可能抑制他们的内群体化，不利于农产品地理标志品牌市场范围的拓展。

第六，区域形象是促进消费者的地方认同感的一个关键变量，这为农产品地理标志品牌通过形象塑造与宣传吸引外群体提供一定的营销启示和策略思路。首先，农产品地理标志品牌相关主体要从宏观视角重视地方自然资源、文化特色、地区经济与人民面貌等形象符号的塑造与维护对地方农产品地理标志的联动作用。农产品地理标志品牌治理是实现乡村全面振兴和盘活区域发展动能的重要战略，要从区域品牌生态系统的视角全方位拉动相关政府部门、企业与其他组织进行形象赋权，多层面推动区域形象的塑造与形象符号的传播，进而强化各地消费者对本区域的地方认同与品牌偏好，帮助本地品牌"走出去"。其次，农产品地理标志品牌相关主体要综合利用农产品推介展销会、特色节事活动等线下宣传渠道与电子商务、媒体广告等线上推广渠道，将区域形象与农产品地理标志品牌特性进行捆绑宣传，全方位增强消费者对区域形象的认知与互动，增加品牌熟悉度与记忆力，将地理标志资源禀赋培育为农产品品牌竞争和区域经济竞赛中的优势。

8.3 研究局限及未来展望

本书基于社会认同理论和地方认同理论，从地缘关系视角出发来探析农产品地理标志品牌偏好的内外群体偏差效应和家乡品牌偏好的内在形成机理，消费者内群体边界扩展和消费者对近乡农产品地理标志品牌偏好的驱动机理，以及消费者对他乡地方认同和对他乡农产品地理标志品牌偏好的驱动机理。研究结论为农产品地理标志品牌建设与市场容量扩展路径规划提供了实践指导，为农产品地理标志品牌市场细分、品牌定位和市场容量扩展提供了理论参考，为农产品地理标志品牌文化情感塑造与区域形象维护提供了营销启示。然而，本书在研究方法与研究内容方面仍然存在一些不足和局限性，有待进一步完善，并期望未来研究能够继续探讨相关的理论话题。

第一，调查法的研究对象具有地域局限性。在家乡农产品地理标志和他乡农产品地理标志品牌偏好的驱动机理的研究中，研究对象均选取了湖北省农产品地理标志品牌，所以研究结论对湖北省农产品地理标志品牌的建设和发展具有直接参考价值，然而，这些研究结论是否会受到研究对象的地域变量的影响，也就是说，消费者对来自不同地域层次或地域位置的农产品地理标志品牌的选择行为上是否存有差异？这个问题还需要针对其他地域层次或地域位置的农产品地理标志品牌作进一步的实证研究，以检验理论模型是否依然成立，从而更充分地证明本书的研究可信性。同时，未来研究还可以抓取不同地域层次或地域位置的异质性变量，将其进一步纳入理论分析模型，对现有研究结论做进一步的拓展和深化。此外，值得反思的是，检验他乡农产品地理标志品牌偏好的驱动机理的实证研究采用调查法邀请受访者自陈其以往居住流动经历，然后依据消费者在现居地居留年限与年龄之比，将居住流动性编码为二元数据进行假设检验，未来研究可以进一步采用调查法通过收集消费者在不同年龄段的流动经历或流动次数整合形成更具差异化的居住流动性数据，或者采用实验法通过操控消费者的居住流动性感知，以进一步检验理论模型的内部效度。

第二，实验法的实验被试具有单一性。由于大学生年龄段比较集中，大多数都没有收入，消费水平相差不太大，因此，许多消费者行为领域的研究都将在校大学生作为实验被试且把他们看作异质性较小的样本群体。本书第6章实证研究当中的三项实验也采用在校大学生作为实验被试。虽然学生样本具有内部效度高的优点，但研究结论对于其他年龄段的消费者是否同样适用，即外部效度还须进一步检验。

第三，以主观意愿作为因变量不能准确预测消费者的实际行为。本书当中的调查法和实验法均采用购买意愿、品牌评价、选择偏好等主观测量工具，能在一定程度上反映消费者行为倾向，并且，消费者品牌偏好也能够显著影响消费者真实的购买决策行为。但是，从购买意愿到购买行为仍有众多影响因素的干扰，例如，吴春雅等（2019）的研究表明，消费者在网购地理标志农产品时表现出意愿与行为的较高程度的不一致，这种偏差受到个体异质性的影响，例如性别、年龄、受教育程度以及收入程度等个人特征，这些个人特征上存在的差异均会显著影响消费者对地理标志农产品的网购意愿和网购行为之间的偏差，此外，农产品价格、消费者对农产品产地的重视程度，消费者网购频率等也能显著预测消费者购买意愿与购买行为之间的不一致性。因此，本书仅测量消费者的主观意愿进而存在一定局限性，未来研究应当增加对实际行为的测度，或者采用田野实验对理论模型的进行检验，以提供更有力的实证论证。

第四，在消费行为领域，影响消费者对近乡和他乡农产品地理标志品牌偏好的因素有很多，但本书只考虑了人口流动相关的因素，从个体地域流动形成的异质性情境的视角抓取了空间维度的地域流动距离与时间维度的居住地流动性等概念，忽略了其他方面的研究变量，例如消费者特质、产品类型、品牌广告诉求、价格等方面，从而导致研究模型不够全面。未来研究一方面可以从其他外生变量的视角继续探讨内群体边界扩展和他乡地方认同的提升因素与作用路径，另一方面还可以另辟蹊径，从其他心理机制的视角探讨农产品地理标志品牌偏好的形成机理。例如，只要消费者有足够的动机，消费者就会积极地扩展家乡概念（Torelli et al.，2017），考虑到本土身份认同的延展能在一定程度上满足在外漂泊的消费者的思乡的渴望，那么当消费者遭遇社会排斥、本体安全感威胁或不确定风险等外部环境变化时，他们是否会提升依附家乡的情感需求？进而是否也会扩展其家乡内群体边界来增强与家乡的联结，从而提高对近乡农产品地理标志的品牌偏好？此外，消费者自由威胁感或现状可改变性等施加于消费者内部心理的束缚或限制感是否会增强消费者的世界主义倾向，从而渴望连接更广阔的空间，提高对他乡农产品地理标志的品牌偏好？这些都是有趣的话题，这些问题的探寻也有利于更加全面地清晰地分析消费者对近乡和他乡农产品地理标志的品牌偏好促进机制，值得未来研究进一步探讨。

第五，本书从区域文化差异性与区域形象方面讨论了消费者对近乡和他乡农产品地理标志品牌偏好发生机制的调节效应，这些因素仍然不足以完全解释现实购买行为的复杂性，是否存在其他相关调节变量影响离家空间距离与近乡农产品地理标志品牌偏好之间的关系，或者居住流动性与他乡农产品地理标志品牌偏好之间的关系。对这些问题的进一步探索有利于深入地系统地阐释外群体品牌偏好发生过程。

第六，居住流动性影响他乡农产品地理标志品牌偏好的理论解释可能存在其他说法，本书仅揭示和验证了消费者广泛的他乡地方认同的中介效应，但是同一现象背后往往存在复杂的影响因素，未来研究可以进一步提炼和挖掘在居住流动性与他乡农产品地理标志品牌偏好之间可能合理存在的其他形成机理。例如，居住流动性能够提高人们的个体自我显著性（Oishi et al.，2007；Talhelm and Oishi，2014），而个体自我是通过拥有与众不同的独特个人属性来实现的（Brewer and Gardner，1996），更加注重个人（相对于集体）自我的流动人群（相对于稳定人群）将产生更高的独特性消费需求（Koo et al.，2016），因此流动的消费者对外群体品牌的偏好可能存在尝鲜需求的中介影响。此外，未来也可以从大五人格的开放性、外倾性等维度继续探索可能的潜在机制，以完善和充实现有理论。

第七，随着乡村振兴战略的深入实施，农业信息化服务与乡村数字化经济快速发展，农产品电子商务也活跃起来，由于农产品地理标志在国际上的合法地位受到海外消费者的关注，农产品地理标志可以促进农产品市场跨境电商的发展（鲁钊阳，2019）。因此，农产品地理标志品牌网络消费行为的研究重要性日益凸显。《2021 全国县域农业农村信息化发展水平评价报告》显示，全国县域农产品网络零售额为 7520.5 亿元，电商服务站点行政村覆盖率达到 78.9%。在电子商务环境下，消费者对农产品的评估标准发生了转变，传统的"眼见为实"评估方式受到阻碍，依据原产地信息、认证标签、口碑评价等外部线索来评估产品质量属性成为新的购买模式（涂洪波和朱清剑，2020），也为农产品地理标志品牌往线上发展带来机遇和挑战。吴春雅等（2019）分析了消费者在网络上购买地理标志农产品的意愿与行为差异，这是对网购农产品地理标志研究的探索性尝试。如何在网络营销环境下探寻合适的农产品地理标志品牌市场容量扩展路径，如何在线上媒体沟通中制作合适的沟通策略与营销诉求，如何打通和整合农产品品牌线上线下渠道，是区域产业振兴和地理标志品牌建设必须考虑的重要现实问题，未来研究可以进一步考虑相关问题。

附录：实证调查与实验问卷

附录 1　第 5 章：地域群体身份对农产品地理标志品牌购买意愿的影响调查问卷

尊敬的女士/先生：

您好！感谢您参与此问卷调查。我们承诺对您的回答严格保密，仅用于学术研究，请您按照您个人的真实想法作答，答案无对错之分。希望能得到您的支持与配合，谢谢！

农产品地理标志是指来源于特定地域，产品品质和相关特征主要取决于自然生态环境和历史人文因素，并以地域名称冠名的农产品。例如，攀枝花芒果、烟台苹果等。

一、请说出您所知道的湖北省农产品地理标志品牌。

_____

二、您是通过什么渠道知道上述产品的？

_____

三、您是否同意下面的说法：

项目	非常不同意	不同意	比较不同意	一般	比较同意	同意	非常同意
我愿意尝试湖北省农产品地理标志品牌	○	○	○	○	○	○	○
我会购买湖北省农产品地理标志品牌	○	○	○	○	○	○	○

项目	非常不同意	不同意	比较不同意	一般	比较同意	同意	非常同意
当需要地方特产时，我倾向于购买湖北省农产品地理标志品牌	○	○	○	○	○	○	○
我愿意向亲朋好友推荐湖北省农产品地理标志品牌	○	○	○	○	○	○	○

四、您是否同意下面的说法：

项目	非常不同意	不同意	比较不同意	一般	比较同意	同意	非常同意
我感到自己是湖北省的一份子	○	○	○	○	○	○	○
我关注湖北省发生的事情	○	○	○	○	○	○	○
湖北省的人和事让我有亲切感	○	○	○	○	○	○	○
我对湖北省倾注了家乡情感	○	○	○	○	○	○	○

五、被调查者基本情况：

1. 您的性别：　　　○男　　　○女

2. 您的年龄：_____周岁

3. 您的最高学历：

○小学及以下　　　○初中　　　○高中或中专

○大专　　　○本科　　　○硕博士研究生

4. 您的家庭平均年收入：_____万元，您家庭人口数_____

5. 您的籍贯：_____省_____市

6. 您的现居地：_____省_____市，您在现居住地生活时间_____

附录2　第6章实验一：近乡农产品地理标志品牌偏好的距离效应问卷

尊敬的先生/女士：

您好！我们目前正在开展一项消费者购买意愿的调查，感谢您能在百忙中抽出时间来参与研究，您的参与可能直接决定我们的研究能否进行，恳请您能够给出客观的回答。本调查采用匿名方式进行，您所提供的所有信息仅用于此次实验研究，我们承诺保证不会泄露您的个人信息，非常感谢您的支持和帮助！

1. 以下说法是否符合您现在的心理状态。

项目	非常不同意	不同意	比较不同意	一般	比较同意	同意	非常同意
我目前距离家乡非常远	○	○	○	○	○	○	○

2. 人们对家乡范围的定义有时候大，有时候小，请您思考一下您对家乡范围的定义是什么。然后回答下述问题。

您认为仙桃与您的家乡概念之间的关系是：

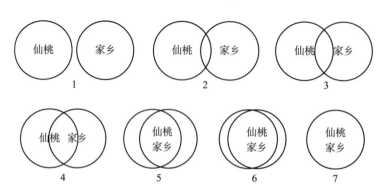

1	2	3	4	5	6	7
○	○	○	○	○	○	○

3. 请您浏览以下产品：

该产品名叫沔（miǎn）阳三蒸，是湖北沔阳（今仙桃市）的传统蒸菜美食之一，属于湖北菜系。

以下说法是否符合您现在的心理状态。

项目	非常不同意	不同意	比较不同意	一般	比较同意	同意	非常同意
我购买该产品的可能性很高	○	○	○	○	○	○	○
我购买该产品的意愿很强	○	○	○	○	○	○	○
我以后可能会购买该产品	○	○	○	○	○	○	○
为确保您是认真答题，此题请选"非常同意"（此题为注意诊断题）	○	○	○	○	○	○	○
我将会向朋友推荐该产品	○	○	○	○	○	○	○

4. 请您投入地想象，在一个消费场景中，您同时看到了以下两个产品：

产品一：沔阳三蒸，是湖北沔阳的传统蒸菜美食之一，属于湖北菜系。

产品二：晋式三蒸，是山西太原的传统蒸菜美食之一，属于山西菜系。

在这两款产品中，您想要选择哪一个？（数字越小代表越想要沔阳三蒸，数字越大代表越想要晋式三蒸）

沔阳三蒸　○1　○2　○3　○4　○5　○6　○7　晋式三蒸

5. 您目前经常居住地：＿＿＿＿＿＿　＿＿＿＿＿＿省＿＿＿＿＿＿市＿＿＿＿＿＿　＿＿＿＿＿＿区

6. 您家乡具体位置： _____ _____省_____ _____市

_____ _____区

7. 您的性别： ○男 ○女

8. 您的年龄： _____岁

附录3 第6章实验二：内群体边界扩展的中介作用问卷

尊敬的先生/女士：

您好！感谢您能在百忙中抽出时间来参与研究，恳请您能够给出客观的回答。本调查采用匿名方式进行，您所提供的所有信息仅用于此次实验研究，我们承诺保证不会泄露您的个人信息，非常感谢您的支持和帮助！

1. 人们对家乡范围的定义有时候大，有时候小，请您思考一下您对家乡范围的定义是什么。然后回答下述问题。

此刻，您认为重庆与您的家乡概念之间的关系是：

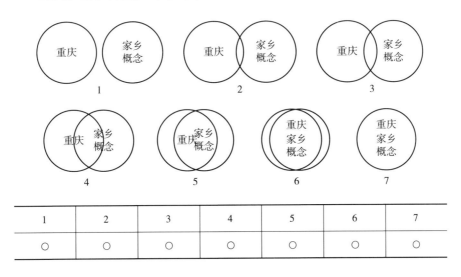

1	2	3	4	5	6	7
○	○	○	○	○	○	○

2. 人们对家乡范围的定义有时候大，有时候小，请您思考一下您对家乡范围的定义是什么。然后回答下述问题。

（数字越小代表"仅仅四川地区"，数字越大代表"整个川渝地区"）

项目	四川1	2	3	4	5	6	川渝7
考虑到归属于社会群体的重要性，此刻我对_____群体归属感强烈	○	○	○	○	○	○	○
考虑到我对社会群体的认同，此刻我认同_____群体	○	○	○	○	○	○	○
考虑到我想联结的社会群体，此刻我想联结_____群体	○	○	○	○	○	○	○

3. 请您浏览以下产品：

该产品名叫重庆城口老腊肉，产自重庆城口县，是重庆一带的传统风味名菜，在川渝地区享有盛誉。

以下说法是否符合您现在的心理状态。

项目	非常不同意	不同意	比较不同意	一般	比较同意	同意	非常同意
我购买该产品的可能性很高	○	○	○	○	○	○	○
我购买该产品的意愿很强	○	○	○	○	○	○	○
我以后可能会购买该产品	○	○	○	○	○	○	○
我将会向朋友推荐该产品	○	○	○	○	○	○	○

4. 请您投入地想象，在一个消费场景中，您同时看到了以下两个产品：

产品一：重庆城口老腊肉，产自重庆城口县，是重庆一带的传统风味名菜，在川渝地区享有盛誉。

产品二：甘肃陇西腊肉，产自甘肃陇西县，是甘肃一带的传统风味名菜，在甘陕地区享有盛誉。

（数字越小代表越想要"陇西腊肉"，数字越大代表越想要"重庆城口老腊肉"）

项目	甘肃陇西腊肉			重庆城口老腊肉			
	1	2	3	4	5	6	7
在这两款产品中，您喜欢哪一个？	○	○	○	○	○	○	○
在这两款产品中，您对哪个更偏好？	○	○	○	○	○	○	○

5. 关于重庆城口老腊肉与甘肃陇西腊肉的认知，以下说法是否符合您的心理。

项目	非常不同意	不同意	比较不同意	一般	比较同意	同意	非常同意
我对重庆城口老腊肉很熟悉	○	○	○	○	○	○	○
我对重庆城口老腊肉的特点很了解	○	○	○	○	○	○	○
我经常接触到重庆城口老腊肉	○	○	○	○	○	○	○
为确保您是认真答题，此题请选"非常同意"（此题为注意力诊断题）	○	○	○	○	○	○	○
我对甘肃陇西腊肉很熟悉	○	○	○	○	○	○	○
我对甘肃陇西腊肉的特点很了解	○	○	○	○	○	○	○
我经常接触到甘肃陇西腊肉	○	○	○	○	○	○	○

6. 以下说法是否符合您现在的心理状态。

项目	非常不同意	不同意	比较不同意	一般	比较同意	同意	非常同意
我目前距离家乡非常远	○	○	○	○	○	○	○

7. 您目前经常居住地：＿＿＿＿＿＿＿＿＿＿＿＿

8. 您家乡具体位置：＿＿＿＿＿＿＿＿＿＿＿＿＿

9. 您的家乡属于：　　○城市　　○集镇　　○农村

10. 您的性别：　　○男　　○女

11. 您的年龄：＿＿＿＿＿＿＿＿＿＿＿＿＿＿

12. 您的家庭月收入为：

（1）2000 元及以下　　（2）2001～4000 元　　（3）4001～6000 元

（4）6001～8000 元　　（5）8001 元及以上

附录4 第6章实验三：区域文化差异性的调节作用问卷

尊敬的先生/女士：

您好！我们目前正在开展一项消费者购买意愿的调查，感谢您能在百忙中抽出时间来参与研究，您的参与可能直接决定我们的研究能否进行，恳请您能够给出客观的回答。本调查采用匿名方式进行，您所提供的所有信息仅用于此次实验研究，我们承诺保证不会泄露您的个人信息，非常感谢您的支持和帮助！

1. 请您认真阅读以下材料。为保证您充分了解以下内容，我们希望您的阅读时间不少于15秒。（实验被试被随机分配到以下2个实验组中的一组情景当中，并只看到以下两组材料中的一组材料）

随机呈现材料一：区域文化差异性低组

> 恩施位于湖北省西南地区，是土家族等少数民族的集中分布区，起先群山环绕，交通不便，巴土文化氛围浓厚。后来随着生产生活需要，恩施先民开始加强与外界交流。自元末起，恩施先民自觉掌握了汉语言，加快了社会的融合变迁，于是荆楚文化展现了其强大的包容性。伴随着经济一体化发展，汉文化与土家文化互相浸润，于是恩施地区在语言、饮食习惯和民俗文化上越来越接近以荆楚文化为主体的湖北省其他地区。

随机呈现材料二：区域文化差异性高组

> 恩施位于湖北省西南地区，是湘鄂渝黔四省相邻处，由于历史渊源和所处区位的不同，恩施地区在语言、饮食习惯和民俗文化上特色

明显，和以荆楚文化为主体的湖北省其他地区存在较大的差异。恩施人不仅说话口音和云贵川的方言接近，饮食文化也和云贵川的麻辣饮食相近相通。此外，由于恩施是土家族等少数民族的集中分布区，因此巴土文化氛围浓厚，例如在婚丧嫁娶方面，哭嫁闹丧，悲喜交加，在湖北省其他地区较为少见。

请确认您已仔细阅读上述材料！

○已确认

2. 以下说法是否符合您当前情境下的想法：

项目	非常不同意	不同意	比较不同意	一般	比较同意	同意	非常同意
恩施文化与我家乡文化差异很大	○	○	○	○	○	○	○
恩施文化与我家乡文化非常不同	○	○	○	○	○	○	○
恩施文化非常独特	○	○	○	○	○	○	○

3. 以下说法是否符合您现在的心理状态。

项目	非常不同意	不同意	比较不同意	一般	比较同意	同意	非常同意
我目前距离家乡非常远	○	○	○	○	○	○	○

4. 人们对家乡范围的定义有时候大，有时候小，请您思考一下您对家乡范围的定义是什么。然后回答下述问题。

此刻，您认为恩施与您的家乡概念之间的关系是：

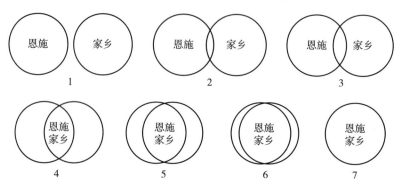

1	2	3	4	5	6	7
○	○	○	○	○	○	○

5. 请您浏览以下产品：

该猕猴桃品牌为"恩施建始猕猴桃"，是湖北省恩施州建始县的农产品地理标志品牌。

以下说法是否符合您现在的心理状态。

项目	非常 不同意	不同意	比较 不同意	一般	比较 同意	同意	非常 同意
我感觉恩施建始猕猴桃是我家乡的	○	○	○	○	○	○	○
我感觉这个品牌属于我们	○	○	○	○	○	○	○
我和这个品牌之间有很强的亲密感	○	○	○	○	○	○	○
我感觉和这个品牌有联结感	○	○	○	○	○	○	○
这个品牌包含了我的一部分自我概念	○	○	○	○	○	○	○
为确保您是认真答题，此题请选"非常同意"（此题为注意力诊断题）	○	○	○	○	○	○	○
如需购买猕猴桃，我购买该品牌猕猴桃的意愿很强	○	○	○	○	○	○	○
如需购买猕猴桃，我选择该品牌的可能性很大	○	○	○	○	○	○	○
我以后可能会购买该品牌猕猴桃	○	○	○	○	○	○	○
我会向朋友推荐建始猕猴桃	○	○	○	○	○	○	○

6. 假设普通猕猴桃的平均价格为 6.00 元/斤，您愿意为"恩施建始猕猴桃"支付的最高价格为＿＿＿＿元/斤？

7. 您目前经常居住地：＿＿＿＿省＿＿＿＿市

8. 您家乡具体位置：_____省_____市

9. 您的性别：　　　○男　　　○女

10. 您的年龄：_____岁

附录 5　第 7 章：居住流动性对他乡农产品地理标志品牌购买意愿的影响调查问卷

尊敬的女士/先生：

您好！感谢您参与此问卷调查。我们承诺对您的回答严格保密，仅用于学术研究，请您按照您个人的真实想法作答，答案无对错之分。希望能得到您的支持与配合，谢谢！

农产品地理标志指来源于特定地域，产品品质和相关特征主要取决于自然生态环境和历史人文因素，并以地域名称冠名的农产品。例如，攀枝花芒果，烟台苹果等。

一、请说出您所知道的湖北省农产品地理标志品牌。

_____

二、您是通过什么渠道知道上述产品的？

_____

三、您是否同意下面的说法：

项目	非常不同意	不同意	比较不同意	一般	比较同意	同意	非常同意
我愿意尝试湖北省农产品地理标志品牌	○	○	○	○	○	○	○
我会购买湖北省农产品地理标志品牌	○	○	○	○	○	○	○
当需要地方特产时，我倾向于购买湖北省农产品地理标志品牌	○	○	○	○	○	○	○
我愿意向亲朋好友推荐湖北省农产品地理标志品牌	○	○	○	○	○	○	○

项目	非常 不同意	不同意	比较 不同意	一般	比较 同意	同意	非常 同意
我感到自己是湖北省的一份子	○	○	○	○	○	○	○
我关注湖北省发生的事情	○	○	○	○	○	○	○
湖北省的人和事让我有亲切感	○	○	○	○	○	○	○
我对湖北省倾注了家乡情感	○	○	○	○	○	○	○

四、您是否同意下面的说法：

项目	非常 不同意	不同意	比较 不同意	一般	比较 同意	同意	非常 同意
湖北省的经济水平高	○	○	○	○	○	○	○
湖北省的产品总体质量好	○	○	○	○	○	○	○
湖北省人是诚实可靠的	○	○	○	○	○	○	○
湖北省人的口碑不错	○	○	○	○	○	○	○
湖北省的地理条件独特	○	○	○	○	○	○	○
湖北省的自然环境良好	○	○	○	○	○	○	○
湖北省的文化有吸引力	○	○	○	○	○	○	○
湖北省的历史文化资源丰富	○	○	○	○	○	○	○

五、被调查者基本情况

1. 在您心目中，您觉得您的家乡是哪里？＿＿＿＿＿＿＿＿

2. 您的性别：　　　　○男　　　　○女

3. 您的年龄：＿＿＿＿＿周岁

4. 您的最高学历：

○小学及以下　　　○初中　　　○高中或中专

○大专　　　　　　○本科　　　○硕博士研究生

5. 您的家庭平均年收入：＿＿＿＿＿万元，您的家庭人口数：＿＿＿＿＿人

6. 您的籍贯：＿＿＿＿＿省＿＿＿＿＿市

7. 您的现居地：＿＿＿＿＿省＿＿＿＿＿市，您在现居地生活时间：

＿＿＿＿＿年

参 考 文 献

［1］白凯，赵安周．城市意象与旅游目的地意象研究中的趋同与分野［J］．地理科学进展，2011，30（10）：1312－1320.

［2］陈满琪．关系流动性、城市认同与居住流动意愿的关系［J］．社会发展研究，2018，5（3）：103－120，244.

［3］陈萌山．地理标志产业发展研究的有益探索——《地理标志保护利用与产业发展研究》评介［J］．农业经济问题，2013（3）：4－5.

［4］陈思．中国地理标志保护对策研究［D］．北京：中国农业科学院，2013.

［5］陈矗，吴传清．区域产业集群品牌的地理标志管理模式选择［J］．武汉大学学报（哲学社会科学版），2012，65（3）：105－111.

［6］崔月琴，张冠．再组织化过程中的地缘关系——以地缘性商会的复兴和发展为视角［J］．吉林大学社会科学学报，2014，54（4）：146－154，176.

［7］戴光全，肖璐．基于区域联系和 ipa 的节事游客地方认同空间特征——以 2011 西安世界园艺博览会为例［J］．人文地理，2012，27（4）：115－124.

［8］［美］戴维·迈尔斯．社会心理学（第 11 版）［M］．侯玉波，乐国安，张智勇译．北京：中国人民大学出版社，2014.

［9］戴逸茹，李岩梅．居住流动性对心理行为的影响［J］．心理科学，2018，41（5）：1185－1191.

[10] 邓启明，朱冬平，董秀云，等．地理标志保护、特色优势产业发展与农产品国际竞争力研究——基于浙闽两省的调查分析［J］．农业经济问题，2011，32（9）：47-52.

[11] 邓小晴．中国文化背景下多元文化经验与创造性的关系［D］．北京：首都师范大学，2014.

[12] 杜伟强，于春玲，赵平．参照群体类型与自我—品牌联系［J］．心理学报，2009，41（2）：156-166.

[13] 段成荣，杨舸．我国流动人口的流入地分布变动趋势研究［J］．人口研究，2009，33（6）：1-12.

[14] 范秀成，冷岩．品牌价值评估的忠诚因子法［J］．科学管理研究，2000（5）：50-56.

[15] 费孝通．乡土中国 生育制度［M］．北京：北京大学出版社，1998.

[16] 顾德曼．家乡、城市和国家———上海的地缘网络与认同，1853—1937［M］．上海：世纪出版社，2004.

[17] 国家知识产权局．2022年中国知识产权发展状况评价报告［DB/OL］．https：//www. cnipa. gov. cn/module/download/down. jsp？i_ID=181042&colID=88，2022.

[18] 何柳．居住流动性对怀旧消费倾向的影响：控制感的中介作用和自主性的调节作用［D］．南京：南京大学，2020。

[19] 胡铭．基于产业集群理论的地理标志保护与发展［J］．农业经济问题，2008（5）：26-31.

[20] 黄飞，周明洁，庄春萍，等．本地人与外地人地方认同的差异：基于四地样本的证据［J］．心理科学，2016，39（2）：461-467.

[21] 黄凤，乔冠瑀，代首寒，等．农产品地理标志建设促进农民收入增长了吗——基于中国292个地级市的实证分析［J/OL］．中国农业资

源与区划, 1 – 14［2025 – 01 – 07］. http：//kns. cnki. net/kcms/detail/
11. 3513. S. 20241030. 1438. 006. html.

［22］黄海洋, 何佳讯. 融入中国元素：文化认同对全球品牌产品购买
可能性的影响机制研究［J］. 外国经济与管理, 2017, 39（4）：84 – 97.

［23］黄静, 王新刚, 童泽林. 空间和社交距离对犯错品牌评价的影
响［J］. 中国软科学, 2011（7）：123 – 130.

［24］黄潇婷, 张琳琳, 苘茂兰. 从地域人到区域人假设的提出——旅
游移动视角下关于地方感的思考［J］. 旅游学刊, 2019, 34（6）：28 – 36.

［25］金彩, 李艳军, 包玉泽, 等. 地域文化差异对旅居者自我—品
牌联结影响机理研究［J］. 营销科学学报, 2022, 2（2）：140 – 156.

［26］金寿铁. 家乡：无限开放的多空间融合体［J］. 社会科学战
线, 2017（9）：184 – 193.

［27］［美］库尔特·考夫卡. 格式塔心理学原理［M］. 李维译. 北
京：北京大学出版社, 2010.

［28］雷开春. 白领新移民与本地居民的社会支持关系及影响因素
［J］. 青年研究, 2008（9）：9.

［29］李佛关, 叶琴, 张燚. 农产品区域公用品牌建设的政府与市场
双驱动机制及效应——基于扎根理论的探索性研究［J］. 复印报刊资料：
农业经济研究, 2022, 48（8）：58 – 71.

［30］李倩倩, 崔翠翠. 本土品牌逆袭与消费者偏好逆转的纵向扎根
研究［J］. 管理科学, 2018, 31（5）：42 – 55.

［31］李巧, 刘凤军. 心理距离对二手商品购买意愿的影响［J］. 财
经论丛, 2020（3）：96 – 104.

［32］李涛, 王思明, 高芳. 中国农产品地理标志品牌发展报告
（2018）［M］. 北京：社会科学文献出版社, 2018, 12：53 – 54.

［33］李婷婷, 李艳军, 李万君. 基于心理距离情境的农户购买决策

中的信任链模式研究［J］. 预测，2016（1）：35－42.

［34］李雪铭，田深圳. 中国人居环境的地理尺度研究［J］. 地理科学，2015，35（12）：1495－1501.

［35］李颖灏，朱立. 社会认同对消费行为影响研究的述评［J］. 经济问题探索，2013（2）：165－170.

［36］李增贝，郝桂亮，张辉. 我国省域地理标志特色产业发展SWOT－CLPV 矩阵分析及对策研究——以河南省为例［J］. 中国发明与专利，2024，21（12）：16－25.

［37］李赵盼，郑少锋. 地理标志使用对农户农地质量提升行为影响研究——基于市场激励的中介效应分析［J］. 中国土地科学，2021，35（3）：40－48.

［38］梁梅. 把农村设计得更像农村——新农村设计的城市化误区［J］. 美术观察，2015（7）：26－27.

［39］林剑. 也谈乡愁：记住抑或化解［J］. 学术研究，2017（7）：9－13.

［40］刘建华，李园园，段坤，等. 董事会特征、创新投入与品牌价值——基于内生性视角的实证研究［J］. 管理评论，2019，31（12）：136－145.

［41］刘瑞峰. 消费者特征与特色农产品购买行为的实证分析——基于北京、郑州和上海城市居民调查数据［J］. 中国农村经济，2014（5）：51－61.

［42］刘卫梅，林德荣. 旅游城市形象和情感联结对旅游意愿的影响［J］. 城市问题，2018（8）：95－103.

［43］李明，刘维. 流动儿童的心理特点及消费行为研究［J］. 经营与管理，2017，3（9）：131－133.

［44］柳武妹，肖海谊，王雪枫. 居住流动性与消费：基于调节定向

理论的阐释 [J]. 心理科学进展, 2022, 30 (11): 12.

[45] 刘妍, 李秀丽. 地理标志权价值评价探析——基于黑龙江五常大米的案例研究 [J]. 黑龙江八一农垦大学学报, 2011, 23 (4): 108 – 112.

[46] 鲁钊阳. 农产品地理标志对跨境农产品电商发展影响的实证研究 [J]. 中国软科学, 2019 (6): 67 – 84.

[47] 马鸿飞. 消费者品牌偏好的形成及行为经济学视野的分析 [J]. 中国流通经济, 2008 (7): 60 – 62.

[48] 马向阳, 白丽群, 杨颂. 区域品牌的文化认同及内群体偏好的口碑传播效应研究 [J]. 软科学, 2016, 30 (1): 105 – 109, 119.

[49] 马小红, 段成荣, 郭静. 四类流动人口的比较研究 [J]. 中国人口科学, 2014 (5): 36 – 46, 126 – 127.

[50] 马志飞, 尹上岗, 张宇, 等. 中国城城流动人口的空间分布、流动规律及其形成机制 [J]. 地理研究, 2019, 38 (4): 926 – 936.

[51] 孟鹏, 谭昊桐. 出版文化品牌价值影响因素及评价指标体系研究 [J]. 中国商论, 2019 (23): 213 – 216.

[52] 农业农村部新闻办公室. 中国农业品牌目录 2019 农产品区域公用品牌发布 [EB/OL]. (2019 – 11 – 17) [2022 – 3 – 12] http://www.moa.gov.cn/xw/zwdt/201911/t2019111 7_6331955.htm.

[53] 潘植强, 梁保尔. 标识牌解说效度对游客地方认同感和忠诚度的影响作用——以上海历史街区为例 [J]. 旅游学刊, 2016, 31 (4): 97 – 108.

[54] 钱树伟, 苏勤, 祝玲丽. 历史街区旅游者地方依恋对购物行为的影响分析——以屯溪老街为例 [J]. 资源科学, 2010 (1): 98 – 106.

[55] 卿利军. 全面推进乡村振兴中地理标志惠益分享机制重构研究 [J]. 理论探讨, 2021 (5): 125 – 130.

[56] 青平, 张胜男, 邹俊, 等. 地理标志品牌与广告诉求的交互

作用对品牌忠诚的影响机制研究 [J]. 营销科学学报，2018，14（2）：19－31.

[57] 尚旭东，郝亚玮，李秉龙. 西部大开发中地理标志畜肉产品的消费行为分析 [J]. 经济问题探索，2011（10）：143－148.

[58] 尚旭东，李秉龙. 我国地理标志农产品保护和发展：问题与对策 [J]. 价格理论与实践，2011（11）：72－73.

[59] 神铭钰，卫海英，毛立静. 痛并快乐？品牌故事类型对消费者态度的影响研究 [J]. 外国经济与管理，2021，43（12）：18.

[60] 施婷，陈洁，钟佳玲. 居住流动性，语言极端性与信息分享意愿 [J]. 管理评论，2021，33（8）：10.

[61] 宋永高，Saidakbar S，陈丽清. 是集群品牌还是区域品牌——产业集群发展形成的品牌命名研究 [J]. 浙江理工大学学报（社会科学版），2020，44（1）：30－37.

[62] 苏平，张海龙. 基于消费者感知的地理标志与产品信息不对称关系研究 [J]. 商业经济研究，2014（5）：61－63.

[63] 孙丽辉，毕楠，李阳，等. 国外区域品牌化理论研究进展探析 [J]. 外国经济与管理，2009，31（2）：40－49.

[64] 孙林，周科选，蒋鑫琳，等. 地理标志的地区质量声誉对中国企业食品出口的影响 [J]. 学习与实践，2019（12）：55－65.

[65] 孙亚楠，胡浩. 我国地理标志农产品市场发展对策 [J]. 经济地理，2014，34（4）.

[66] 唐文跃，张捷，罗浩. 古村落居民地方依恋与资源保护态度的关系——以西递、宏村、南屏为例 [J]. 旅游学刊，2008，23（10）：87－92.

[67] 陶雪婷. 搬家越多，创造力越高？——开放性的调节效应 [J]. 中国社会心理学评论，2020（2）：218－235，243.

[68] 田园子. 文化品牌区域传播的三个维度——兼评《荆楚文化圈

发展与建设研究》[J]．东南传播，2018（3）：137－139．

[69] 仝海芳，李艳军，黄庆节．根脉诉求与产品类型的交互作用对消费者地理标志产品购买意愿的影响 [J]．农业现代化研究，2020，41（2）：361－368．

[70] 涂洪波，朱清剑．外部线索对地理标志农产品网购意愿的影响及作用机理 [J]．中国流通经济，2020（8）：37－47．

[71] 杨林广．在线口碑对地理标志农产品网购意愿的影响效应——兼论原产地形象的催化作用 [J]．商业经济研究，2021（8）：65－68．

[72] 王丹，李林竹，李艳军．突出流行性还是稀缺性？——地理标志农产品地区典型性与广告诉求方式的匹配效应研究 [J/OL]．管理工程学报，2024：1－15 [2024－02－20]．https：//doi.org/10.13587/j.cnki.jieem.2024.03.006.

[73] 王丹，张钢仁，李艳军．"传情"还是"显能"？地理标志农产品地区典型性与广告诉求方式的匹配：效应、机理与边界研究 [J]．珞珈管理评论，2022（3）：151－172．

[74] 王国华．消费者对地理标志农产品的认知情况及购买意愿研究——以辽宁省大米地理标志产品为例 [J]．商业经济，2017（6）：28－30．

[75] 王文龙．中国地理标志农产品品牌竞争力提升路径研究 [J]．青海社会科学，2018，233（5）：116－130．

[76] 王笑冰．关联性要素与地理标志法的构造 [J]．法学研究，2015（3）：82－101．

[77] 王志本．我国传统名特优农产品的地理标志保护 [J]．农业经济问题，2005（4）．

[78] 王纵横．空间隔离的文化反叛——对中国社会城乡文化矛盾的一种解读 [J]．山东社会科学，2016（5）：26－31．

[79] 文植，张笑笑，赵显．关系流动性、拒绝敏感性与主观幸福感

的关系 [J]. 心理学探新, 2019, 39 (2): 179 – 185.

[80] 吴林海, 龚晓茹, 陈秀娟, 等. 具有事前质量保证与事后追溯功能的可追溯信息属性的消费偏好研究 [J]. 中国人口·资源与环境, 2018, 28 (8): 148 – 160.

[81] 奚从清. 现代社会学导论 [M]. 杭州: 浙江大学出版社, 2012.

[82] 肖珺. 跨文化虚拟共同体: 连接、信任与认同 [J]. 学术研究, 2016 (11): 42 – 48.

[83] 谢敏. 地理标志农产品对品牌营销竞争力的影响——以四川省为例 [J]. 中国农业资源与区划, 2017, 38 (4): 207 – 213.

[84] 熊爱华, 韩召, 张涵. 消费者的农产品品牌认知与情感对品牌忠诚度的影响研究 [J]. 山东财经大学学报, 2019, 31 (1): 62 – 72.

[85] 徐岚, 蒋怡然, 崔楠, 等. 最心安处是吾乡: 本体安全感威胁对家乡品牌偏好的影响 [J]. 心理学报, 2020, 52 (4): 513 – 527.

[86] 许峰, 李帅帅. 南疆地区目的地形象与旅游者行为意向——感知价值与心理距离的中介作用 [J]. 经济管理, 2018, 40 (1): 156 – 171.

[87] 徐延辉, 邱啸. 居住空间、社会距离与农民工的身份认同 [J]. 福建论坛 (人文社会科学版), 2017 (11): 127 – 136.

[88] 严立冬. 地理标志保护利用与产业发展研究 [M]. 武汉: 湖北人民出版社, 2012.

[89] 严群英. 区域文化营销的功能和实施路径研究 [J]. 华东经济管理, 2007, 21 (9): 136 – 138.

[90] 杨海龙, 郭国庆, 陈凤超. 根脉传播诉求对集群品牌购买意愿的影响: 品牌真实性的中介作用 [J]. 管理评论, 2018, 30 (3): 102 – 113.

[91] 杨昊, 贺小刚, 杨婵. 异地创业、家庭支持与经营效率——基于农民创业的经验研究 [J]. 北京: 经济管理, 2019, 41 (2): 36 – 54.

[92] 杨建辉, 任建兰. 消费者对地理标志认知的评价及影响因素分

析 [J]．调研世界，2015（1）：19－23．

[93] 于金富，晋铭．我国农产品地理标志发展的时代契机与策略选择——基于乡村振兴战略视域的研究 [J/OL]．湖南大学学报（社会科学版）：1－7 [2024－03－07]．https：//doi．org/10．16339/j．cnki．hdxbskb．20240005．001．

[94] 俞燕，李艳军．传统特色农业集群区域品牌对中小企业品牌竞争力的影响研究——基于吐鲁番葡萄集群的实证分析 [J]．农业现代化研究，2015，36（5）：842－849．

[95] 张初兵，侯如靖．自我概念一致性对网商品牌忠诚影响的实证研究———品牌认同及承诺的中介作用 [J]．软科学，2013，27（4）：136－140．

[96] 张春晖，白凯．乡村旅游地品牌个性与游客忠诚：以场所依赖为中介变量 [J]．旅游学刊，2011，26（2）：49－57．

[97] 张凤琦．"地域文化"概念及其研究路径探析 [J]．浙江社会科学，2008（4）：63－66，50，127．

[98] 张国政，徐增，唐文源．茶叶地理标志溢价支付意愿研究——以安化黑茶为例 [J]．农业技术经济，2017（8）：110－116．

[99] 张海钟．中国城乡跨文化心理学和区域心理学与心理学本土化 [J]．内蒙古师范大学学报，2006（6）：50－52．

[100] 张涵，康飞．基于 Bootstrap 的多重中介效应分析方法 [J]．统计与决策，2016，5（449）：75－77．

[101] 张文忠，谌丽，杨翌朝．人居环境演变研究进展 [J]．地理科学进展，2013，32（5）：710－721．

[102] 张修志，黄立平．基于消费者偏好的信息产品定价策略分析 [J]．商业研究，2007（5）：174－175．

[103] 张亚峰，许可，刘海波，等．意大利地理标志促进乡村振兴

的经验与启示 [J]. 中国软科学, 2019 (12): 53-61.

[104] 张艳, 黄炎忠. 地理标志品牌参与对农产品质量安全的影响研究 [J]. 华中农业大学学报 (社会科学版), 2022, 161 (5): 123-135.

[105] 张莹瑞, 佐斌. 社会认同理论及其发展 [J]. 心理科学进展, 2006, 14 (3): 475-480.

[106] 赵冠艳, 栾敬东. 农产品地理标志的价值特征、实现途径与公共治理 [J]. 财贸研究, 2021, 32 (10): 41-47.

[107] 浙江大学 CARD 农业品牌研究中心. 2010 中国农产品区域公用品牌价值评估报告 [J]. 农产品市场周刊, 2011 (2): 3-20.

[108] 钟赛香, 薛熙明, 杨钰颖, 等. 基于文献计量的国内地方认同研究述评 [J]. 广西师范学院学报 (自然科学版), 2018, 35 (1): 72-79.

[109] 周安宁, 应瑞瑶. 我国消费者地理标志农产品支付意愿研究——基于淘宝网"碧螺春"交易数据的特征价格模型分析 [J]. 华东经济管理, 2012 (7): 111-114.

[110] 周尚意, 成志芬. 关于"乡愁"的空间道德和地方道德评价 [J]. 人文地理, 2015, 30 (6): 1-6.

[111] 周曙东, 张西涛. 地理标志对陕西苹果经济效益影响的实证分析 [J]. 农业技术经济, 2007 (6): 56-61.

[112] 周学春, 王长征. 基于群体视角下的群体关联性品牌研究 [J]. 软科学, 2015, 29 (4): 4.

[113] 周怡. "家"与"家乡": 流动者的乡土情感——"留洋流动"与"农民工流动"的比较 [J]. 社会科学, 2011 (11): 53-63.

[114] 朱战国, 李子键. 结构分解视角下来源国形象对消费者产品评价的影响研究 [J]. 中央财经大学学报, 2017 (11): 118-128.

[115] 庄春萍, 张建新. 地方认同: 环境心理学视角下的分析 [J].

心理科学进展, 2011, 19 (9): 1387 – 1396.

［116］Aaker D A. Managing brand equity: capitalizing on the value of a brand name ［M］. New York: Free Press, 1991.

［117］Agnew J. Space, scale and culture in social science ［M］. Place/Culture/Representation, 1993: 251.

［118］Aquino K, Reed A I, The self-importance of moral identity ［J］. Journal of Personality and Social Psychology, 2002, 83 (11): 1423 – 1440.

［119］Aron A, Aron E, Smollan D. Inclusion of other in the self scale and the structure of interpersonal closeness ⌊J⌋. Journal of personality and social psychology, 1992, 63 (4): 596 – 612.

［120］Babcock B A. Geographical indications, property rights, and value-added agriculture ［J］. Iowa Ag Review, 2003, 4 (9): 1 – 3.

［121］Bagozzi, R. P. , Dholakia, U. M. Antecedents and purchase consequences of customer participation in small group brand communities ［J］. International Journal of Research in Marketing, 2006, 23 (1).

［122］Bar-Anan Y, Liberman N, Trope Y. The Association between psychological distance and construal level: Evidence from an implicit association test ［J］. Journal of Experimental Psychology General, 2006, 135 (4): 609 – 622.

［123］Bardají I, Iráizoz B, Rapún M. Protected geographical indications and integration into the agribusiness system ［J］. Agribusiness, 2009, 25 (2): 198 – 214.

［124］Bartsch, F. , Riefler, P. , Diamantopoulos, A. A Taxonomy and review of positive consumer dispositions toward foreign countries and globalization ［J］. Journal of International Marketing, 2016, 24 (1).

［125］Batson C D, Polycarpou M P, Harmon-Jones E, Imhoff H J,

Mitchener E C, Bednar L L, Klein T R, Highberger L. Empathy and attitudes: Can feeling for a member of a stigmatized group improve feelings toward the group? [J]. Journal of Personality and Social Psychology, 1997, 72: 105 – 118.

[126] Baumeister R F. Identity: Cultural change and the struggle for self [M]. New York: Oxford University Press, 1996.

[127] Bearden W O, Etzel M J. Reference group influence on product and brand purchase decisions [J]. Journal of Consumer Research, 1982 (9): 183 – 194.

[128] Bearden W O, Netemeyer R G, Teel J E. Measurement of consumer susceptibility to interpersonal influence [J]. Journal of Consumer Research, 1989, 15 (2): 473 – 481.

[129] Bearden W O, Randall L R. Attention to social comparison information: An individual difference factor affecting consumer conformity [J]. Journal of Consumer Research, 1990, 16 (4): 461 – 471.

[130] Beckley T M, Stedman R C, Wallace S M, Ambard M. Snapshots of what matters most: Using resident-employed photography to articulate attachment to place [J]. Society and Natural Resources, 2007: 913 – 929.

[131] Bell M, Taylor J. Conclusion: Emerging research themes [M] // In: John T, Bell M M. eds. , Population mobility and indigenous peoples in australasia and north America. London, UK: Routledge, 2004: 262 – 267.

[132] Bettencourt B A, Brewer M B, Rogers-Croak M, Miller N. Cooperation and the reduction of intergroup bias: The role of reward structure and social orientation [J]. Journal of Experimental Social Psychology, 1992, 28: 301 – 319.

[133] Beverland M, Luxton S. Managing integrated marketing communi-

cation (IMC) through strategic decoupling: How luxury wine firms retain brand leadership while appearing to be wedded to the past [J]. Journal of Advertising, 2013, 34 (4): 103 – 116.

[134] Biel A L. How brand image drives brand equity [J]. Journal of Advertising Research, 1992, 32 (6): 7.

[135] Birch L L, Marlin D W. I don't like it; I never tried it: Effects of exposure on two-year-old children's food preferences [J]. Appetite, 1982, 3 (4): 353 – 360.

[136] Blake K S. Colorado fourteeners and the nature of place identity [J]. Geographical Review, 2002, 92 (2): 155 – 179.

[137] Bonnes M, Secchiaroli G. Environmental psychology [M]. CA: Sage: Thousand Oaks, 1995.

[138] Bonnet C, Simioni M. Assessing consumer response to protected designation of origin labelling: A mixed multinomial logit approach. European Review of Agricultural Economics, 2001, 28: 433 – 449.

[139] Breakwell G M. Processes of self-evaluation: Efficacy and estrangement [M] //. In: Breakwell G M. Ed. , Social Psychology of Identity and the Self Concept. London, UK: Surrey University Press, 1992: 35 – 55.

[140] Brewer M B, Gardner W. Who is this "We"? Levels of collective identity and self representations [J]. Journal of Personality and Social Psychology, 1996, 71 (1): 83 – 93.

[141] Brewer M B. The social self: On being the same and different at the same time [J]. Personality & Social Psychology Bulletin, 1991, 17 (5): 475 – 482.

[142] Buchan N, Johnson E, Croson, R. Trust and reciprocity: An international experiment. Working paper, Wharton School, University of Pennsyl-

vania, 2002.

[143] Burley D. Are the social and physical really so different? elements in the development of an attachment to place [R]. Paper Presented at The Annual Meeting of the American Sociological Association, NewYork, 2007.

[144] Carpenter M, Larceneux F. Label equity and the effectiveness of values-based labels: an experiment with two French Protected Geographic Indication labels [J]. International Journal of Consumer Studies, 2008, 32 (5): 499 – 507.

[145] Carrus G, Bonaiuto M, Bonnes M. Environmental concern, regional identity, and support for protected areas in Italy [J]. Environment and Behavior, 2005, 37: 237 – 257.

[146] Cei L, Stefani G, Defrancesco E, Lombardi G V. Geographical Indications: A first assessment of the impact on rural development in Italian Nuts 3 Regions [J]. Land Use Policy, 2018, 75: 620 – 630.

[147] Chae B, Li X, Zhu R, Judging product effectiveness from perceived spaced proximity [J]. Journal of Consumer Research, 2013, 40 (2): 317 – 335.

[148] Chandran S, Menon G. When a day means more than a year: Effects of temporal framing on judgments of health risk [J]. Journal of Consumer Research, 2004, 31 (2): 375 – 389.

[149] Charness G, Gneezy U. What's in a name? Anonymity and social distance in dictator and ultimatum games [J]. Journal of Economic Behavior and Organization, 2007, 63 (1): 88 – 103.

[150] Chen B, Lu M, Zhong N. How urban segregation distorts Chinese migrants' consumption? [J]. World Development, 2015, 70 (C): 133 – 146.

[151] Chen Y R, Leung K, Chen C. Bringing national culture to the ta-

ble: making a difference with cross-cultural differences and perspectives [J]. The Academy of Management Annals, 2009, 3 (1): 217 –249.

[152] Chu X Y, Chang C T, Lee A Y. Values created from far and near: Influence of spatial distance on brand evaluation [J]. Journal of Marketing, 2021, 85 (6): 162 – 175.

[153] Cilla I, Martinez L, Guerrero L, Guardia M D, Arnau J, Altarriba J, et al. Consumer beliefs and attitudes towards dry-cured ham and protected designation of origin Teruel ham in two Spanish regions differing in product knowledge [J]. Food Science and Technology International, 2006, 12: 229 –240.

[154] Coyle J R, Thorson E. The effects of progressive levels of interactivity and vividness in web marketing sites [J]. Journal of Advertising, 2001, 30 (3): 65 –77.

[155] Delaney D, Leitner H. The political construction of scale [J]. Political Geography, 1997, 16 (2): 93 –97.

[156] Dimara E, Skuras D. Consumer demand for informative labeling of quality food and drink products: A European Union case study [J]. Journal of Consumer Marketing, 2005, 22 (2): 90 –100.

[157] Ding Y, Wan E W, Xu J. The impact of identity breadth on consumer preference for advanced products [J]. Journal of Consumer Psychology, 2017, 27 (2): 231 –244.

[158] Dixon J, Durheim K. Dislocating identity: Desegregation and the transformation of place [J]. Journal of Environmental Psychology, 2004, 24 (4): 455 –473.

[159] Ellemers N, Kortekaas P, Ouwerkerk J W. Self-categorisation, commitment to the group and group self-esteem as related but distinct aspects of social identity [J]. European Journal of Social Psychology, 1999, 29 (2 –

参考文献

3）：371 –389.

［160］Escalas J E, Bettman J R. Self-Construal, reference groups, and brand meaning ［J］. Journal of Consumer Research, 2005, 32 （3）：378 –389.

［161］Escalas J E, Bettman J R. You are what they eat：The influence of reference groups on consumers' connections to brand ［J］. Journal of Consumer Psychology, 2003, 13 （3）：339 –348.

［162］Esteky, S. Risk on the Edge：The Effect of Relative Spatial Location on Consumer Preferences and Choices ［J］. Journal of Marketing Research, 2022, 59 （6）：1216 –1234.

［163］Falk C F, Heine S J, Yuki M, Takemura, K. Why do Westerners self-enhance more than East Asians? ［J］. European Journal of Personality, 2009, 23 （3）：183 –203.

［164］Farnum J, Hall T, Kruger L. Sense of place in natural resource recreation and tourism：an evaluation and assessment of research findings ［M］. Portland, OR：Usda Pacific Northwest Research Station, 2005.

［165］Fisher R J, Price L L. An investigation into the social context of early adoption behavior ［J］. Journal of Consumer Research, 1992, 19 （3）：477 –486.

［166］Fiske S T, Taylor S E, Social Cognition ［M］. New York：McGraw-Hill, 1991.

［167］Fleury-Bahi G, Félonneau M L, Marchand D. Processes of place identification and residential satisfaction ［J］. Environment and Behavior, 2008, 40：669 –682.

［168］Fleury-Bahi G, Marcouyeux A. Place evaluation and self-esteem at school：The mediated effect of place identification ［J］. Educational Studies, 2010, 36：85 –93.

[169] Fontes M A, Banovic M, Cardoso Lemos J P, Barreira, M M. PDO beef recognition: How can we improve it? [J]. Journal of International Food and Agribusiness Marketing, 2012, 24: 288 – 305.

[170] Forehand M R, Deshpande R, Reed A, et al. Identity salience and the influence of differential activation of the social self-schema on advertising response [J]. Journal of Applied Psychology, 2002, 87 (6): 1086 – 1099.

[171] Fornell C, Larcker D F. Evaluating structural equation models with unobservable variables and measurement error [J]. Journal of Marketing Research, 1981, 18 (1): 39 – 50.

[172] Förster J, Liberman N, Kuschel S. The effect of global versus local processing styles on assimilation versus contrast in social judgment [J]. Journal of personality and social psychology, 2008, 94 (4): 579 – 599.

[173] Fujita K, Henderson M D, Juliana E, Trope Y, Liberman N. Spaced distance and mental construal of social events [J]. Psychology Science, 2006, 17 (4): 278 – 282.

[174] Gao H, Zhang Y, Mittal V. How does local-global identity affect price sensitivity? [J]. Journal of Marketing, 2017, 81 (3): 62 – 79.

[175] Girard S. Can Geographical Indications promote sustainable shellfish farming? The example of Bay of Mont-Saint-Michel mussels [J]. Marine policy, 2022 (Jan.): 135. DOI: 10. 1016/j. marpol. 2021. 104845.

[176] Giuliani M V, Feldman R. Place attachment in a developmental and cultural context [J]. Journal of Environmental Psychology, 1993, 13: 267 – 274.

[177] Goodman J K, Lim S. When consumers prefer to give material gifts instead of experiences: The role of social distance [J]. Journal of Consumer Research, 2018, 45 (2): 365 – 382.

［178］ Gospodini A. Urban morphology and place identity in European cities: Built heritage and innovative design ［J］. Journal of Urban Design, 2004, 9: 225 – 248.

［179］ Gruijters I. Heimwee en situatiekenmerken. Homesickness and situation characteristics. Unpublished MA Thesis. Tilburg: Tilburg University ［M］// In: Van Tilburg M, Vingerhoets A. eds., Psychological Aspects of Geographical Moves: Homesickness and Acculturation Stress. Amsterdam: Amsterdam University Press, 1992: 50 – 100.

［180］ Grunert K G, Aachmann K. Consumer reactions to the use of eu quality labels on food products: A review of the literature ［J］. Food Control, 2016, 59: 178 – 187.

［181］ Gustafson P. Mobility and territorial belonging ［J］. Environment & Behavior, 2009, 41 (4): 490 – 508.

［182］ Hammond L. Homecomings: Unsettling paths of return ［M］// In: Markowitz F, Stefansson A H. eds., Tigrayan returnees' notions of home: Five variations on a theme. New York: Lexington, 2004: 36 – 53.

［183］ Hayes A. Introduction to mediation, moderation, and conditional process analysis: A regression-based approach ［M］. New York: The Guilford Press, 2013.

［184］ Hernández B, Carmen Hidalgo M, Salazar-Laplace M E, et al. Place attachment and place identity in natives and non-Natives ［J］. Journal of Environmental Psychology, 2007, 27 (4): 310 – 319.

［185］ Hewstone M, Rubin M, Willis H. Intergroup bias ［J］. Annual review of psychology, 2002, 53 (1): 575 – 604.

［186］ Hogg M A, Williams K D. From I to we: Social identity and the collective self ［J］. Group Dynamics Theory Research and Practice, 2000 4

（1）：81－97.

［187］Huang W，Hung K，Chen C. Attachment to the home country or hometown? Examining diaspora tourism across migrant generations ［J］. Tourism Management，2018，68：52－65.

［188］Isabel Bardají，Belén Iráizoz，Manuel Rapún. Protected geographical indications and integration into the agribusiness system ［J］. Agribusiness，2010，25（2）：198－214.

［189］Ji Y L，Pavasopon N，Napasintuwong O，et al. Consumers' Valuation of Geographical Indication-Labeled Food：The Case of Hom Mali Rice in Bangkok ［J］. Asian Economic Journal，2020，34（1）：79－96.

［190］Johar G V，Sengupta J，Aaker J L. Two roads to updating brand personality impressions：Trait versus evaluative inferencing ［J］. Journal of Marketing Research，2005，42（4）：458－469.

［191］Keller K L. Conceptualizing，measuring and managing customer based brand equity ［J］. Journal of Marketing，1993，57（1）：1－22.

［192］Kim H，John D R. Consumer response to brand extensions：construal level as a moderator of the importance of perceived fit ［J］. Journal of Consumer Psychology，2008，18（2）：116－126.

［193］Klor E F，Shayo M. Social identity and preferences over redistribution ［J］. Journal of Public Economics，2010，94：269－278.

［194］Koo M，Ng A，Oishi S. Residential mobility and uniqueness seeking ［J］. Advances in Consumer Research，2016（44）：514－515.

［195］Korpela K M. Place-identity as a product of environmental self-regulation ［J］. Journal of Environmental Psychology，1989，9：241－256.

［196］Lalli M. Urban identity ［M］//. In：D Canter J C. ed.，Environmental social psychology. The Netherlands：Dordrecht，Kluwer，1988：

303 –311.

[197] Lalli M. Urban-related identity: Theory, measurement, and empirical findings [J]. Journal of Environmental Psychology, 1992, 12 (4): 285 –303.

[198] Laroche M, Papadopoulos N, Heslop L A, et al. The influence of country image structure on consumer evaluations of foreign products [J]. International Marketing Review, 2005, 22 (1): 96 –115.

[199] Laverie D A, Iii R E K, Kleine S S. Reexamination and extension of kleine, kleine, and kernan's social identity model of mundane consumption: the mediating role of the appraisal process [J]. Journal of Consumer Research, 2002, 28 (4): 659 –669.

[200] Leach C W, Iyer A, Pedersen A. Angry opposition to government redress: When the structurally advantaged perceive themselves as relatively deprived [J]. British Journal of Social Psychology, 2007, 46 (1).

[201] Lee A Y, Keller P A, Sternthal B. Value from regulatory construal fit: The persuasive impact of fit between consumer goals and message concreteness [J]. Journal of Consumer Research, 2010, 36 (5): 735 –747.

[202] Lee J J, Kyle G, Scott D. The mediating effect of place attachment on the relationship between festival satisfaction and loyalty to the festival hosting [J]. Journal of Travel Research, 2012, 51 (6): 754 –767.

[203] Leonardelli G J, Pickett C L, Brewer M B. Chapter 2-optimal distinctiveness theory: A framework for social identity, social cognition, and intergroup relations [J]. Advances in Experimental Social Psychology, 2010: 63 –113.

[204] Leung A K Y, Chiu C Y. Interactive effects of multicultural experiences and openness to experience on creative potential [J]. Creativity Re-

search Journal, 2008, 20 (4): 376 – 382.

[205] Li D, Wang C, Jiang Y, et al. The Asymmetric influence of cognitive and affective country image on rational and experiential purchases [J]. European Journal of Marketing, 2014, 48: 2153 – 2175.

[206] Liberman N, Sagristano M D, Trope Y. The effect of temporal distance on level of mental construal [J]. Journal of Experimental Social Psychology, 2002, 38 (6): 523 – 534.

[207] Liberman N, Trope Y, Wakslak C. Construal level theory and consumer behavior [J]. Journal of Consumer Psychology, 2007, 17 (2): 113 – 117.

[208] Likoudis Z, Sdrali D, Costarelli V, et al. Consumers' intention to buy protected designation of origin and protected geographical indication foodstuffs: the case of Greece [J]. International Journal of Consumer Studies, 2016, 40 (3): 283 – 289.

[209] Liu Y, Tsai W S, Tao W. The interplay between brand globalness and localness for iconic global and local brands in the transitioning chinese market [J]. Journal of International Consumer Marketing, 2020, 32 (2): 128 – 145.

[210] Lord K R, Lee M, Choong P. Differences in normative and informational social influence [J]. Advances in Consumer Research, 2001, 28 (1): 280 – 285.

[211] Loureiro M L, Mccluskey J J. Assessing consumer response to protected geographical identification labeling [J]. Agribusiness, 2000, 16 (3): 309 – 320.

[212] Loureiro M L, Umberger W J A. A choice experiment model for beef: What US consumer responses tell us about relative preferences for food safety, country-of-origin labeling and traceability [J]. Food Policy, 2007,

32 (4): 496 –514.

[213] Lu J, Xie X, Xu J. Desirability or feasibility: Self-other decision-making differences [J]. Personality & social psychology bulletin, 2013, 39 (2): 144 –155.

[214] Luceri B, Latusi S, Zerbini C. Product versus region of origin: which wins in consumer persuasion? [J]. British Food Journal, 2016, 118 (9): 2157 –2170.

[215] Luffarelli J, Stamatogiannakis A, Yang H. The visual asymmetry effect: an interplay of logo design and brand personality on brand equity [J]. Journal of marketing research, 2019, 56 (1): 89 –103.

[216] Ma J, Wang S, Hao W. Does cultural similarity matter? Extending the animosity model from a new perspective [J]. Journal of Consumer Marketing, 2012, 29 (5): 319 –322.

[217] Mackie D M, Devos T, Smith E R. Intergroup emotions: Explaining offensive action tendencies in an intergroup context [J]. Journal of Personality and Social Psychology, 2000, 79 (4): 602 –616.

[218] Mansvelt J. Geographies of consumption [M]. Thousand Oaks, CA: SAGE publications, 2005: 11 –16, 44 –69.

[219] Markus H, Kunda Z. Stability and malleability in the self-concept in the perception of others [J]. Journal of Personality and Social Psychology, 1986, 51: 1 –9.

[220] Markus H, Wurf E. The dynamic self-concept: A social psychological perspective [J]. Annual review of psychology, 1987, 38: 299 –337.

[221] Martin I M, Eroglu S. Measuring a multi-dimensional construct: Country image [J]. Journal of Business Research, 1993, 28 (3): 191 –210.

[222] Mccluskey J J, Loureiro M L. Consumer preferences and willing-

ness to pay for food labeling: A discussion of empirical studies [J]. Journal of Food Distribution Research, 2003, 34 (3).

[223] Menapace L, Moschini G C. Quality certification by geographical indications, trademarks and firm reputation [J]. European Review of Agricultural Economics, 2012, 39 (4): 539 – 566.

[224] Miller N. Personalization and the promise of contact theory [J]. Journal of Social Issues, 2002, 58: 387 – 410.

[225] Milligan M J. Interactional past and potential: The social construction of place attachment [J]. Symbolic Interaction, 1998, 21 (2): 1 – 33.

[226] Minkyung K, Ng A H, Oishi S. Residential mobility and uniqueness seeking [J]. Advances in Consumer Research, 2016, 44: 514 – 515.

[227] Mok, D. , Wellman, B. , Carrasco, J. Does distance matter in the age of the internet? Urban Studies, 2010, 47: 2747 – 2783.

[228] Mookerjee S, Cornil, Y, Hoegg, J. From Waste to Taste: How "Ugly" Labels Can Increase Purchase of Unattractive Produce [J]. Journal of Marketing, 2021, 85 (3): 62 – 77.

[229] Morhart F, Malär L, Guèvremont A, Guèvremont A, Guèvremont A, Girardin F, Grohmann B. Brand authenticity: An integrative framework and measurement scale [J]. Journal of Consumer Psychology, 2015, 25 (2): 200 – 218.

[230] Moschini G C, Menapace L, Pick D. Geographical Indications and the competitive provision of quality in agricultural markets [J]. American Journal of Agricultural Economics, 2010, 90 (3): 794 – 812.

[231] Nesdale D, Mak A S. Ethnic identification, self-esteem and immigrant psychological health [J]. International Journal of Intercultural Relations, 2003, 27 (1): 23 – 40.

［232］ Nesdale D, Todd P. Effect of contact on intercultural acceptance: a field study ［J］. International Journal of Intercultural Relations, 2000, 24 (3): 341 – 360.

［233］ Ng S, Faraji-Rad, A, Batra R. Uncertainty evokes consumers' preference for brands incongruent with their global-local citizenship identity ［J］. Journal of Marketing Research, 2020, 58 (2): 400 – 415.

［234］ Nielsen-Pincus M, Hall T, Force J E, Wulfhorst J D. Sociode-mographic effects on place bonding ［J］. Journal of Environmental Psychology, 2010, 30: 443 – 454.

［235］ Oberg K. Cultural shock: Adjustment to new cultural environments ［J］. Practical Anthropology, 1960, 7: 177 – 182.

［236］ Oishi S, Ishii K, Lun J. Residential mobility and conditionality of group identification ［J］. Journal of Experimental Social Psychology, 2009, 45 (4): 913 – 919.

［237］ Oishi S, Lun J, Sherman G D. Residential mobility, self-concept, and positive affect in social interactions ［J］. Journal of Personality & Social Psychology, 2007, 93 (1): 131 – 141.

［238］ Oishi S, Talhelm T, Lee M, et al. Residential mobility and low-commitment groups ［J］. Archives of Scientific Psychology, 2015, 3: 54 – 61.

［239］ Oishi S. The Psychology of residential mobility: Implications for the self, social relationships, and well-Being ［J］. Perspectives on psychological science: A journal of the Association for Psychological Science, 2010, 5 (1): 5 – 21.

［240］ Osterhus T L. Pro-Social consumer influence strategies: When and how do they work ［J］. Journal of Marketing, 1997, 61 (4): 16 – 29.

［241］ Panzone L, Giuseppe Di V, Borla S, et al. When consumers and

products come from the same place: Preferences and WTP for Geographical In-
dication differ across regional identity groups [J]. Journal of International
Food & Agribusiness Marketing, 2016, 28 (3): 286 – 313.

[242] Park N, Peterson C. Does it matter where we live? The urban psy-
chology of character strengths [J]. American Psychologist, 2010, 65 (6):
535 – 547.

[243] Pinto A S, Barreiro G, Fragata A, Combris P, Giraud-Heraud E.
Quality attributes of "Rocha" pear and consumer behaviour: Sensory evaluation
and willingness to pay [J]. Acta Horticulturae, 2008, 800: 1005 – 1012.

[244] Prohansky H M, Fabian A K, Kaminoff R. Place identity: Physi-
cal world socialization of the self [J]. Journal of Environmental Psychology,
1983, 3 (1): 57 – 83.

[245] Proshansky H M. The city and self-identity [J]. Environment and
Behavior, 1978, 10 (2): 147 – 169.

[246] Rabadán A, Zamora A, Díaz M, Bernabéu R. Consumer prefer-
ences associated with the protected geographical indication label in the market-
ing of lamb meat [J]. Small Ruminant Research, 2021, 202: 106454. DOI:
10. 1016/j. smallrumres. 2021. 106454.

[247] Ratnam C, Drozdzewski D. Assembling attachments to homes un-
der bushfire risk [J]. Geographical Research, 2018, 56 (1): 42 – 53.

[248] Reed A, Forehand M, Social identity and marketing: An integra-
tive framework. Unpublished, Wharton School of Business, University of Penn-
sylvania, 2003.

[249] Reed A. Activating the self-importance of consumer selves: Explo-
ring identity salience effects on judgments [J]. Journal of Consumer Re-
search, 2004 (31): 286 – 295.

[250] Rentfrow P J. Geographical psychology: Exploring the interaction of environment and behavior [M]. Washington: American Psychological Association, 2014.

[251] Resano H, Sanju_an A I, Albisu L M. Consumers' response to the EU quality policy allowing for heterogeneous preferences. Food Policy, 2012, 37: 355 – 365.

[252] Riefler, P., Diamantopoulos, A. Consumer cosmopolitanism: Review and replication of the CYMYC scale [J]. Journal of Business Research, 2009, 62 (4).

[253] Rigdon M, Ishii K, Watabe M, Kitayama S. Minimal social cues in the dictator game [J]. Journal of Economic Psychology, 2009, 30: 358 – 367.

[254] Rosenbaum M S, Montoya D Y. Am I welcome here? Exploring how ethnic consumers assess their place identity [J]. Journal of Business Research, 2007, 60: 206 – 214.

[255] Sack R D. Homo Geographicus: A framework for action, awareness, and moral concern [M]. Baltimore M D: Johns Hopkins University Press, 1997.

[256] Sanjuan-Lopez A I, Resano-Ezcaray H. Labels for a Local Food Speciality Product: The Case of Saffron [J]. Journal of Agricultural Economics, 2020, 71 (3): 778 – 797.

[257] Segev R, Shoham A, Ruvio A. What does this gift say about Me, You, and Us? The role of adolescents' gift giving in managing their impressions among their peers [J]. Psychology & Marketing, 2012, 29 (10): 752 – 764.

[258] Shi W, Tang Y. Cultural similarity as in-group favoritism: The impact of religious and ethnic similarities on alliance formation and announcement returns [J]. Journal of Corporate Finance, 2015, 34: 32 – 46.

　[259] Sichtmann C, Davvetas V, Diamantopoulos A. The relational value of perceived brand globalness and localness [J]. Journal of Business Research, 2019, 104: 597–613.

　[260] Simonton D. K, Ting S S. Creativity in eastern and western civilizations: the lessons of historiometry [J]. Management & Organization Review, 2010, 6 (3): 329–350.

　[261] Smeekes A, Jetten J. Longing for one's home country: National nostalgia and acculturation among immigrants and natives [J]. International Journal of Intercultural Relations, 2019, 69: 131–150.

　[262] Smith N. Contours of a spacedized politics: Homeless vehicles and the production of geographical scale [J]. Social Text, 1992, 33 (33): 55–81.

　[263] Song Y, Guo S, Zhang M. Assessing customers'perceived value of the anti-haze cosmetics under haze pollution [J]. The Science of the Total Environment, 2019, 685: 753–762.

　[264] Steinhart Y, Kamins M, Mazursky D, et al. Effects of product type and contextual cues on eliciting naive theories of popularity and exclusivity [J]. Journal of Consumer Psychology, 2014, 24 (4): 472–483.

　[265] Tajfel H. Differentiation Between Social Groups: Studies in the Social Psychology of intergroup Relations [M]. London: Academic Press, 1978. chapters1–3.

　[266] Tajfel H. Experiments in in-group discrimination [J]. Scientific American, 1970, 223 (5): 96–102.

　[267] Talhelm T, Oishi S. Residential mobility affects self-concept, group support, and happiness of individuals and communities [M] // In: Rentfrow P J. ed., Geographical psychology: Exploring the interaction of environment and behavior. Washington DC: American Psychological Association,

2014: 219 - 239.

[268] Tanis M, Postmes T. A social identity approach to trust: Interpersonal perception, group membership and trusting behavior [J]. European Journal of Social Psychology, 2005, 35: 413 - 424.

[269] Tasci A D A. Testing the cross-brand and cross-market validity of a consumer-based brand equity (CBBE) model for destination brands [J]. Tourism Management, 2018, 65 (APR.): 143 - 159.

[270] Teuber R. Consumers' and producers' expectations towards geographical indications [J]. British Food Journal, 2011, 113 (7): 900 - 918.

[271] Teuber R. Geographical indications of origin as a tool of product differentiation: The case of coffee [J]. Discussion Papers, 2007, 22 (3 - 4): 277 - 298.

[272] Torelli C, Ahluwalia R, Cheng S, et al. Redefining home: How cultural distinctiveness affects the malleability of in-group boundaries and brand preferences [J]. Journal of Consumer Research, 2017, 44 (1): 44 - 61.

[273] Triandis H. Culture and psychology: A history of the study of their relationship [M]//COHEN S K D, Handbook of Cultural Psychology. Guilford Press, New York, 2007: 59 - 76.

[274] Trope Y, Liberman N, Temporal construal and time-dependent changes in preference [J]. Journal of Personality and Social Psychology, 2000, 79 (6): 876 - 889.

[275] Trope Y, Liberman N, Wakslak C J. Construal levels and psychological distance: Effects on representation, prediction, evaluation, and behavior [J]. Journal of Consumer Psychology, 2007, 17 (2): 83 - 95.

[276] Trope Y, Liberman N. Construal level theory of psychological distance [J]. Psychology Review, 2010, 117 (2): 440 - 463.

［277］ Trope Y, Liberman N. Temporal construal ［J］. Psychological Review, 2003, 110 (3): 403 – 421.

［278］ Tsakiridou E, Mattas K, Mpletsa Z. Consumers' food choices for specific quality food products ［J］. Journal of Food Marketing, 2009, 15: 200 – 212.

［279］ Tu L, Khare A, Zhang Y. A Short 8-item scale for measuring consumers' local-global identity ［J］. International Journal of Research in Marketing, 2012, 29 (1): 35 – 42.

［280］ Tuan Y E. Space and place ［M］. The Perspective of Experience. Minneapolis, M N: University of Minnesota Press, 1977.

［281］ Turner J C, Hogg M A, Oakes P J, et al. Rediscovering the social group: A self-categorization theory ［M］. Oxford: Basil Blackwell, 1987.

［282］ Van der Lans I A, Van Ittersum K, De Cicco A, Loseby M. The role of the region of origin and EU certificates of origin in consumer evaluation of food products ［J］. European Review of Agricultural Economics, 2001, 28 (4): 451 – 477.

［283］ Van Ittersum K, Candel M J J M, Meulenberg M T G. The influence of the image of a product's region of origin on product evaluation ［J］. Journal of Business Research, 2003, 56 (3): 215 – 226.

［284］ Van Ittersum K, Candel M, Thorelli F. The market for PDO/PDI protected regional products: Consumer attitudes and behaviour. Paper presented at the 67th EAAE Seminar, 1999, Le Mans, France.

［285］ Vecchio R, Annunziata A. The role of PDO/PGI labelling in Italian consumers' food choices ［J］. Agricultural Economics Review, 2011 (12): 80 – 98.

［286］ Verbeke W, Pieniak Z, Guerrero L, Hersleth M. Consumers' awareness and attitudinal determinants of European Union quality label use on traditional foods. Bio-based and Applied Economics, 2012, 1: 213 – 229.

［287］Verrochi N C, Patti W, Andrea C M. Identity threats, compensatory consumption, and working memory capacity: How feeling threatened leads to heightened evaluations of identity-relevant products ［J］. Journal of Consumer Research, 2018, 46 (1): 99 – 118.

［288］Vigneron F, Johnson L W. A review and a conceptual framework of prestige-seeking consumer behavior ［J］. Academy of Marketing Science Review, 1999, 2 (1): 1 – 15.

［289］Viladrich A, Tagliaferro B. Picking fruit from our backyard's trees: The meaning of nostalgia in shaping Latinas' eating practices in the United States ［J］. Appetite, 2016, 97 (1): 101 – 110.

［290］Voyce M. Geographical Indications, The EU and Australia: A case study on ‘government at a distance’ through intellectual property rights ［J］. Macquarie Law Journal, 2007 (7): 159 – 160.

［291］Vrontis D, Bresciani S, Giacosa E. Tradition and innovation in Italian wine family businesses ［J］. British food journal, 2016, 118: 1883 – 1897.

［292］Wang S, Chen J S. The influence of place identity on perceived tourism impacts ［J］. Annals of Tourism Research, 2015, 52: 16 – 28.

［293］Wang Y, Kirmani A, Li X. Not too far to help: Residential mobility, global identity, and donations to distant beneficiaries ［J］. Journal of Consumer Research, 2020, 47 (6): 878 – 889.

［294］White K, Dahl D W. Are all out-groups created equal? consumer identity and dissociative influence ［J］. Journal of Consumer Research, 2007, 34 (4): 525 – 536.

［295］White K, Dahl D W. To be or not be? The influence of dissociative reference groups on consumer preferences [J]. Journal of Consumer Psychology, 2006, 16 (4): 404 –414.

[296] Williams D R, Vaske J J. The measurement of place attachment: Validity and generalizability of a psychometric approach [J]. Forest Science, 2003, 49 (6): 830 –840.

[297] Williams L E, Bargh J A. Keeping one's distance: The influence of spaced distance cues on affect and evaluation [J]. Psychological Science, 2008, 19 (3): 302 –308.

[298] Wooten D B. One of a kind in a full house: Some consequences of ethnic and gender distinctiveness [J]. Journal of Consumer Psychology, 1995, 4 (3): 205 –224.

[299] Yaacov T, Nira L. Construal-level theory of psychological distance [J]. Psychological review, 2010, 117 (2).

[300] Yoo B, Donthu N. Developing and validating a multidimensional consumer-based brand equity scale [J]. Journal of Business Research, 2001, 52 (1): 1 –14.

[301] You Y, Yang X, Wang L, et al. When and why saying "thank you" is better than saying "sorry" in redressing service failures: The Role of Self-Esteem [J]. Journal of Marketing, 2019, 84 (2): 133 –150.

[302] Yuki M. Intergroup comparison versus intregroup relationship: A cross-cultural examination of social identity theory in north american and east asian cultural contexts [J]. Social Psychology Quarterly, 2003, 66 (2): 166 –183.

[303] Yuki, M. Schug, J. Horikawa, H, et al., Development of a scale to measure perceptions of relational mobility in society [D]. Sapporo, Japan: Hokkaido University, 2007.

[304] Zeng F, He Q, Li S, Luo, A. Residential mobility boosts new prod-

uct adoption [J]. Psychology & Marketing, 2023, 40 (5): 1012 – 1025.

[305] Zhang G R, Wang C L, Liu J J, et al. , Why do consumers pre-fer a hometown geographical indication brand? Exploring the role of consumer i-dentification with the brand and psychological ownership [J]. International Journal of Consumer Studies, 2022, 46 (4): 1 – 12.

后　记

　　本书的完成依托笔者在华中农业大学攻读博士时撰写的毕业论文。在华农度过的本硕博十年光阴中，我十分有幸遇到了很多善良睿智的老师们与聪明努力的同学们，与这些人的交往让我在各个方面不断地成为更好的自己。

　　首先，我很感谢我的硕博导师李艳军教授。李老师做事严谨仔细、为人善良宽厚。正是在她的悉心指导下，我才能够顺利博士毕业。在本书的研究与撰写工作中，李老师给予了我很多详细和充实的研究指导和修改建议，这对本书的顺利完成功不可没。除了学业的指导，李老师还是我的生活中的良师益友和学习榜样。我在李老师的一言一行、生活与工作态度的熏陶下，更加懂得生活的韧性、耐心、坚持和乐观这些道理。

　　其次，我很感谢常亚平老师（华中科技大学）、施丹老师、池韵佳老师和陈通老师对我做科研的启发。通过在本科生阶段给施丹老师做科研助理的经历，我初步构建了做研究的基础思路。之后在研究生阶段，我积极参加常亚平老师课题组的研讨会，常老师亲身示范并指导我如何勾画研究模型图、如何总结研究的主要内容、如何描述数据结果，这令我受益颇深。池韵佳老师和陈通老师对我做研究也多有指点，通过与池韵佳老师和陈通老师的学术交流与讨论，我对研究的细节更加了解。

　　此外，毕业论文的完善与完成离不开我的博士论文评审老师们与答辩老师们给我的指导与帮助。我很感谢各位老师给我提出的指导和意见。

　　当然，在华农读书的旅程中，我还遇到了很多帮助和鼓励过我的老师和同学，虽不一一言谢，但我都铭记在心。读书期间的点点滴滴构成了我青春的无数个时刻，是我最宝贵的回忆和经历，感谢你们给我的温暖和陪伴。